KB082418

루이스 헤이의 치유 수업

나를 위로해주는 마법의 긍정 확언

루이스 헤이 · 데이비드 케슬러 지음 ㅡ 이현숙 옮김

샘시오

우리가 원하는 것은 당신이 슬픔과 고통에 갇히지 않고

슬픔을 온전히 느끼는 것입니다.

슬픔은 치료받아야 할 문제가 아니라 삶의 자연스러운 일부입니다.

감 사 의 글

"생각이 현실을 만듭니다."
오랫동안 슬픔을 다루는 일을 해온 나의 마음속에 가장 깊이 새겨져 있는 루이스 헤이의 말입니다. 나는 강연이나 상담을 통해 인생의 힘든 시기를 겪고 있는 수많은 이들을 만났습니다. 이와 관련된 내용의 책을 여러 권 출간하기도 했고, 이 분야의 전설적인 저자이자 유명한 정신과 의사인 엘리자베스 퀴블러 로스와 함께 집필을 한 적도 있습니다. 하지만 내가 슬픔과 고통을 다루는 일을 하면서 가장 많은 도움을 받은 이가 있다면 바로 루이스 헤이일 겁니다.

헤이 하우스 출판사의 강연 요청을 받고 콘퍼런스가 열리는 곳으로 향하면서 나는 오래간만에 루이스를 만날 생각에 가슴이 설렜습니다. 강연이 끝나고 루이스 헤이와 점심식사를 하던 중에 그녀가 갑작스러운 제안을 했습니다.

"데이비드, 생각을 해봤는데 내가 죽을 때 당신이 내 곁에 있어 주면 좋겠어요."

죽음과 슬픔의 전문가인 나는 자주 그런 부탁을 받곤 합니다. 대부분의 사람은 홀로 죽고 싶어 하지 않습니다. 인생의 마지막 순간에 편안하게 생각하는 누군가가 그들의 삶과 죽음을 지켜봐주기를 바라죠. 나의 멘토였던 엘리자베스 퀴블러 로스가 마지막 숨을 거둘 때에도 나는 그 자리에 있었습니다.

"저야 영광이죠." 나는 즉각 대답하면서 그녀에게 물었습니다.

"그런데 루이스, 당신에게 무슨 일이 있나요? 건강에 문제라도 있는 건가요?"

"아니에요. 여든두 살에 이 정도면 아주 건강한 편이죠. 나는 충분히 내 인생을 살고 있어요. 그저 때가 되면 나는 완전하게 죽어감을 실천하리라는 것을 확실히 해두고 싶을 뿐이에요."

정말 루이스다운 대답이었습니다.

점심식사가 끝나고 오후 일정으로 〈문이 열리다〉라는 다큐멘터리 영화 시청이 이어졌습니다. 〈문이 열리다〉는 1980년대 에이즈 환자들을 위해 루이스 헤이가 매주 수요일 밤마다 열었던 헤이라이즈(Hayrides)라는 모임에 관한 다큐멘터리였습니다.

그 모임을 통해 루이스는 에이즈 환자들이 자신이 처한 상황을 재앙이 아닌 삶을 변화시키는 기회로 바라보게 해주었고, 그들에게 치유의 에너지를 불어넣었습니다. 그 모임에서 나는 루이스 헤이를 처음 만났습니다. 영화를 보며 그 시간을 떠올리니, 25년을 훌쩍 뛰어넘어 루이스와 다시 같은 공간에 있다는 사실이 꿈만 같았습니다. 영화가 끝나고 청중들로부터 질문이 시작되었습니다.

"질병이란 무엇인가요?"

"만약 생각만으로 치료할 수 있다면 우리는 왜 약을 먹어야 하나요?"

"우리는 왜 죽는 것일까요?"

"죽음이란 무엇인가요?"

루이스가 한 모든 답변에는 삶과 죽음 그리고 질병에 관한 놀라운 지식과 통찰이 담겨 있었습니다. 독자들의 질문이 끝나갈 무렵, 루이스가 자랑스럽게 모든 사람에게 발표했습니다.

"제가 죽을 때 데이비드 케슬러 씨가 함께 있어주기로 했습니다."

청중들의 박수갈채가 이어졌습니다. 나는 루이스가 개인적인 부탁을 했다고 생각했지만, 루이스는 세상 사람들과 그 약속을 공유하고 있었습니다. 그녀의 말을 들으며 그런 정직함과 개방성이 그녀의 힘의 원천이라는 생각을 했습니다.

그날 저녁 헤이하우스의 사장 겸 CEO인 레이드 트레이시가 제게 말했습니다.

"슬픔과 치유에 관한 같은 경험을 공유하고 깊은 지혜와 통찰을 가지고 계신 두 분이 함께 책을 써보는 건 어떨까요?"

그렇게 치유를 위한 우리의 여정이 시작되었습니다.

루이스와 첫 집필회의를 하기 위해 만나러 가던 순간이 아직도 생생합니다. 슬픔과 상실에 관한 전문가로 오랜 기간 활동해왔지만 나는 여전히 가르침에 목마른 학생 같은 느낌이었습니다. 그래서 샌디에이고까지 차를 몰고 가는 동안 심리치료의 대가 루이스에게 그녀만의 특별한 지혜와 경험과 통찰을 얻을 수 있다는 사실에 어느 때보다 설레고 기뻤습니다.

루이스와 나는 이 책에서 여러 관계의 종말, 이혼, 죽음을 비롯해 다양한 형태의 상실에 대해 깊이 있게 다루며, 많은 사람들이 온갖 상실을 견뎌낸 후 어떻게 슬퍼하고 치유되는지 탐구했습니다. 또한 사람들이 스스로를 치유할 수 있는 긍정 확언의 구체적인 사례와 함께 지난 수십 년 동안 사람들이 슬픔과 상실에 대처하도록 도움을 주었던 루이스 헤이의 놀라운 경험과 지혜를 함께 담았습니다. 따라서 이 책을 읽으며 독자들은 상실에 대한 좀 더 폭넓은 생각과 인식을 가질 수 있을 것입니다.

이 책을 쓰는 내내 "생각이 현실을 만듭니다"라는 루이스의 지혜로운 말이 내 마음속에 메아리처럼 울려 퍼졌습니다. 부디 이 책을 읽는 독자들에게도 상실에 대한 루이스 헤이의 따뜻한 메시지가 전달되기를 바랍니다.

데이비드 케슬러

머리말

당신은 사랑스럽고 평화로운 삶을 누릴 자격이 있습니다

우리의 삶은 끊임없이 무언가를 잃어가는 과정입니다. 인생이라는 여정에서 우리는 사랑하는 사람과 이별을 하기도 하고, 평생을 함께할 줄 알았던 배우자와 헤어지기도 하며, 가족과도 같았던 반려동물을 잃기도 합니다. 어떤 상황에서든 누군가를 사랑하다가 함께한 시간이 끝나면 자연스럽게 고통을 느낍니다.

상실로 인한 슬픔은 힘겨운 감정이지만 우리의 고통에 괴로움을 더하는 것은 다름 아닌 우리의 생각입니다. 이별이나 이혼, 또는 죽음을 겪은 이후에도 새로운 현실을 창조할 수 있는 능력은 우리 내면에 오롯이 남아 있습니다.

그 능력을 찾기 위해서는 무엇보다 상실에 대한 생각을 바꿔야 합니다. 상실로 인한 슬픔과 고통에 갇히지 않고 슬픔을 온전히 느껴야 합니다. 그리고 슬픔을 치료받아야 할 문제가 아니라 삶의 자연스러운 일부로 받아들일 수 있어야 합니다.

이 책에서는 일상 속에서 겪는 사소한 상실에서부터 사랑하는 이의 죽음까지, 다양한 종류의 상실로 인한 슬픔과 고통에서 벗어나 앞으로 계속 나아가기 위한 길을 제시하고 있습니다. 이는 고통을 부정하거나 고통에서 도망치라는 뜻은 아닙니다. 고통을 온전히 느끼고 겪은 후에 새로운 삶이 펼쳐지도록 해야 한다는 의미입니다.

이를 위한 궁극적인 방법은 긍정 확언, 다시 말해 긍정적인 자기 대화일 것입니다. 하지만 그 전에 먼저 우리가 중점적으로 다루게 될 세 가지 중요한 단계를 거쳐야 합니다. 그것은 바로 자신의 감정을 온전히 느끼고, 과거의 상처를 치유하며, 관계에 대한 왜곡된 생각을 바꾸는 것입니다.

자신의 감정을 충분히 느끼세요

고통을 치유하며 그 고통을 놓아주기 위해 가장 먼저 해야 할 일은 그 감정을 온전히 느끼는 것입니다. 어떤 이들은 자신의 감정을 제쳐놓고 무시하기도 하고, 그런 감정들을 잘못된 것으로 여기기도 하며, 너무 사소하게 혹은 너무 과도하게 판단하기도 합니다. 또 당신은 마음속에 수많은 감정을 묻어두고 종종 분노를 꾹꾹 눌러 담고 있을 수도 있습니다. 그러나 치유를 위해서는 반드시 그 감정들을 털어내야 합니다.

단순히 죽음과 관련된 분노나 고통만을 이야기하는 것이 아닙니다. 우리가 일상적인 상실을 경험하며 느끼는 고통, 분노, 좌절의 감정을 털어내기 위해서도 그 감정을 충분히 느껴야 합니다. 슬픔의 다섯 단계를 소개한 슬픔과 애도의 전문가 엘리자베스 퀴블러 로스는 '우리는 언제든 분노를 느낄 수 있지만, 그 감정이 그저 우리를 지나가도록 내버려두면 몇 분 안에 끝날 수 있다'고 말했습니다. 또한 우리가 15분간 경험하는 분노는 이미 오래된 분노라고도 했습니다.

관계가 끝나거나 뜻밖에 이혼을 경험하게 될 때 심한 경우 사랑하는 사람의 죽음을 경험할 때, 우리는 수많은 감정과 함께 남겨지게 됩니다. 모자람 없이 온전하게 그 감정을 느끼는 것은 치유의 첫 번째 단계입니다.

오래된 상처를 드러내고 치유하세요

당신이 겪은 상실은 오래된 상처를 들여다보는 창이 될 수도 있습니다. 좋든 싫든 상처는 그 모습을 드러낼 겁니다. 그중 일부는 당신이 전혀 의식하지 못한 것일 수도 있습니다. 연인과 헤어진 후에 '난 그가 떠날 줄 알고 있었어'라고 생각할지도 모릅니다. 이혼을 겪으면서 자신이 사랑받을 자격이 없다고 생각하기도 하고, 사랑하는 사람이 세상을 떠났을 때는 '내겐 항상 불행한 일만 일어나'라고 믿어버리고 맙니다. 이런 말은 현재의 상실을 훨씬 넘어서는 부정적인 생각입니다. 그럼 이런 부정적인 생각은 어디에서 비롯

되었을까요?

당신의 부정적인 생각은 당신의 과거에서 비롯된 것입니다. 사랑으로 치유되지 못한 부정적인 경험으로 당신의 내면에 부정적인 생각이 자리 잡았고, 그것이 현재의 관계에까지 영향을 미치는 것입니다. 부정적인 생각을 끝없이 되풀이하는 것은 매우 고통스럽고 비생산적입니다. 그런 행위는 치유하고자 하는 노력 없이 원래 하던 대로 되돌아가려고 할 때 나타나곤 합니다. 우리는 함께 오랜 상처와 부정적인 사고의 과정을 조명해보고, 사랑과 연민으로 치유를 시작할 것입니다.

관계, 사랑, 삶에 관한 왜곡된 생각을 바꾸세요

상실에 대해 슬퍼할 때 당신은 현재의 생각에 매몰됩니다. 그런 생각은 종종 아주 왜곡된 경우가 많습니다. 이는 당신의 믿음이 어린 시절의 상처로 채색되고, 과거의 수많은 상처에서 영향을 받았다는 것을 의미합니다. 왜곡된 사고는 부모나 주위 사람들에 의해 만들어지는 경우가 많습니다.

이 오래된 생각과 부정적인 자기 대화가 새로운 상실에 이끌리게 됩니다. 그래서 마음 깊이 아끼던 누군가를 잃고 나면 사람들은 종종 사랑과 다정함이라곤 눈곱만큼도 찾아볼 수 없는 냉랭한 태도로 자기 자신에게 모진 말을 내뱉곤 합니다. 자신을 힐난하고 신세 한탄을 늘어놓는가 하면, 또 어떤 경우에는 자신이 겪고 있는

'그런' 고통을 받아 마땅하다고 느끼기까지 합니다. 이런 부정적인 습관을 끝내기 위해 바로 긍정 확언의 강력한 힘에 대해 배울 필요가 있습니다.

긍정 확언이 당신의 인생을 바꿉니다

이 책에서 가장 강조하고 싶은 것은 바로 긍정 확언입니다. 확언은 긍정적이든 부정적이든 믿음을 강화해주는 말입니다. 당신은 항상 머릿속에서 무언가를 확언하고 있습니다. 하지만 안타깝게도 생각이 왜곡되어 있으면 주로 부정적인 확언을 반복하게 됩니다. 우리는 당신이 무의식적으로 사용하고 있는 부정적 확언을 깨닫고, 새로운 긍정 확언을 당신의 삶에 끌어들이기를 바랍니다.

우리는 이 책에서 당신의 슬픔과 삶에 도움이 되는 긍정 확언을 소개할 것입니다. 이러한 긍정적인 말이 처음에는 믿기지 않을 수도 있습니다. 하지만 긍정 확언을 통해 당신의 괴로움을 줄이고 오래된 고통과 부정적인 사고방식을 치유할 수 있습니다.

당신이 반복하고 있는 부정적인 확언은 사실이 아닙니다. 많은 사람들이 무의식적으로 부정적인 확언을 반복하면서 그 말이 상처를 줄 때 자기 자신을 잔인하게 대합니다. 우리가 이 책에서 이루고 싶은 주된 목표 중 하나는 그런 반복되는 부정적 생각의 패턴을 영원히 바꿀 수 있는 방법을 찾는 것입니다.

이 책에서 여러 장에 걸쳐 소개하고 있는 긍정 확언을 자신의 경험에 적용해보길 바랍니다. 일부 긍정 확인은 아마도 과거의 상처를 아물게 하고 현재 상처를 보듬어 마침내 당신이 사랑으로 완전히 치유될 수 있도록 도와줄 것입니다.

상실 이후에 새로운 삶의 선물이 찾아옵니다

상실을 겪고 난 이후 인생에서 뜻밖의 선물을 발견할 수 있습니다. 모든 관계가 영원히 지속될 수는 없습니다. 한 달만 지속되는 관계가 있는가 하면, 1년 혹은 10년간 유지되는 관계도 있습니다. 고작 1년 갈 관계를 한 5년은 함께했어야 한다고 믿는 순간, 당신은 고통을 느끼게 됩니다.

물론 누구나 사랑하는 사람과 더 많은 시간을 보내기를 원하며 그 때문에 슬픔을 느끼는 건 당연합니다. 슬픔은 힘겨운 감정이지만, 종종 우리의 고통에 괴로움을 더 얹는 것은 다름 아닌 우리의 생각입니다. 이런 사실을 알게 된다면 사랑하는 이를 잃은 고통이나 일상에서 느끼는 상실의 슬픔을 온전히 느끼며 새로운 삶을 위한 발걸음을 뗄 수 있을 것입니다.

이 책에 대하여

1장에서는 상실에 대한 자신의 생각을 살펴보는 것으로 시작할 것입니다. 당신은 상실에 대해 어떻게 생각하고 있나요? 이별, 이혼, 죽음의 순간을 마주했을 때 무엇을 해야 할까요? 이러한 질문을 통해 상실을 대하는 당신의 생각과 태도를 바꿀 수 있도록 도움을 줄 것입니다.

2장에서는 관계에 관해 이야기할 것입니다. 당신은 사귀던 사람과 헤어지고 슬픔에 잠겨 이 책을 집어 들었을 수도 있습니다. 혹은 이혼이나 죽음으로 극심한 고통을 겪고 있을지 모릅니다. 이처럼 우리가 살면서 맺는 모든 관계로 인한 고통과 슬픔에서 벗어나는 방법에 이야기할 것입니다.

3장과 4장에서는 이혼과 사랑하는 이의 죽음 이후 겪게 되는 슬픔에 대해 보다 깊게 살펴볼 것입니다. 5장에서는 반려동물을 잃는 것에 대해, 6장에서는 불임과 유산, 실직, 원하는 것을 이루지 못했을 때의 슬픔 등 보이지 않는 것들에 의한 상실을 탐구하는 데 시간을 할애할 것입니다. 마지막 7장에서는 진정한 치유가 무엇인지에 대해 살펴보려 합니다.

이 책에는 다양한 상황에서 맞는 새로운 생각과 따뜻한 이야기, 그리고 강력한 긍정의 말들이 포함되어 있습니다. 이 책에 담긴 모든 이야기는 실제로 다양한 상황을 겪은 사람들에게서 가져온 것입니다. 이런 이야기를 통해 당신이 어떤 상황에 부딪히든 당신의 마음을 치유할 수 있다는 사실을 깨닫기를 바랍니다.

당신은 사랑스럽고 평화로운 삶을 누릴 자격이 있습니다. 이 치유의 과정을 함께 시작해봅시다.

Contents

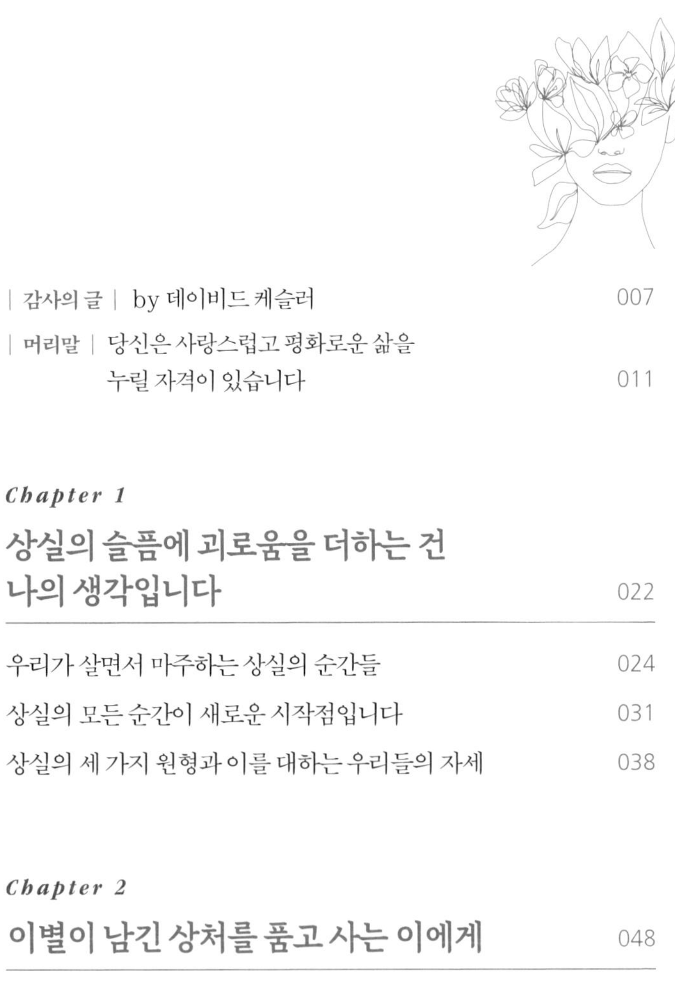

Chapter 1

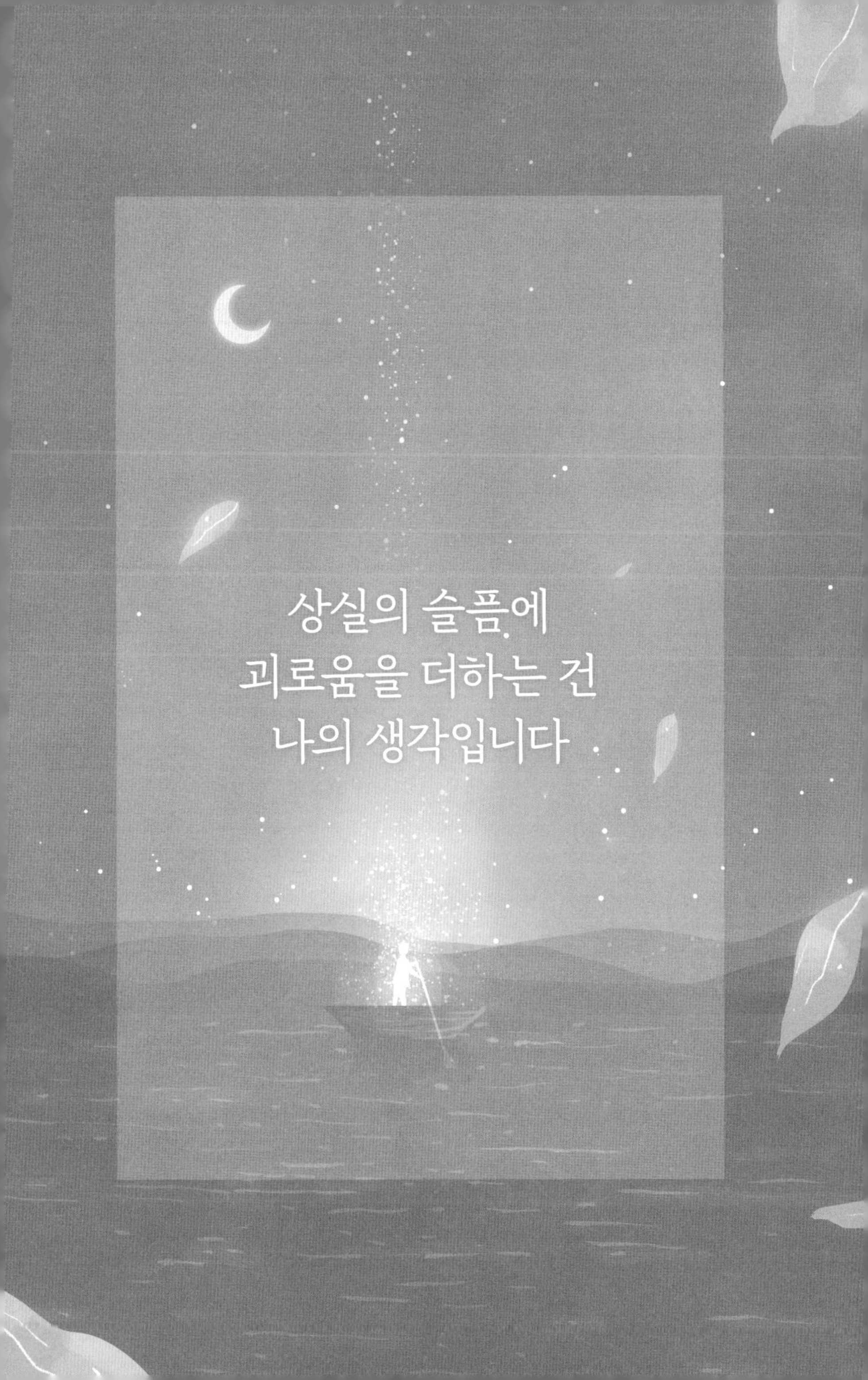

상실의 슬픔에
괴로움을 더하는 건
나의 생각입니다

우리가 살면서 마주하는 상실의 순간들

지금까지 나는 인생에서 마주치는 다양한 시련과 상처로 슬픔에 빠져 있는 사람들을 수없이 만났습니다. 사랑하는 이의 죽음으로 하루하루를 고통 속에 살고 있는 이들도 있었고, 연인과의 결별이나 배우자와의 이혼으로 상처를 입은 채 스스로에게 상처를 주는 사람도 있었습니다. 이런 이들을 만나며 크고 작은 상실의 경험으로 고통받는 모든 이들을 위한 치유의 과정이 필요하다는 것을 깨달았습니다.

데이비드 역시 나와 같은 경험을 했다며 다음과 같이 말했습니다.

"루이스, 어떤 사람은 '당신의 치유 과정이 이혼의 상처를 극복하는 데도 도움이 될까요?'라고 물었고, 또 어떤 사람은 '제가 최근에 이별을 했어요. 이별의 슬픔을 극복하는 데 당신의 도움을 받고 싶어요'라고 이야기하더군요."

나의 생각을 가장 잘 이해하고 공감해주는 동료 데이비드와 이야기를 나누며 나는 이혼이나 이별과 같은 관계의 종말을 받아들이는 것이든, 사랑하는 사람의 죽음을 맞닥뜨리는 것이든, 혹은 사랑하는 반려동물의 죽음이나 소중한 직업을 잃는 것이든, 많은 유형의 상실을 견뎌내는 치유에 관한 생각을 정리할 수 있었습니다.

데이비드가 가장 먼저 궁금해한 것은 상실의 영적인 측면에 대한 것이었습니다.

"저는 상실과 슬픔의 감정이 지닌 의학적, 심리적, 정서적 측면을 다룬 많은 글을 썼어요. 루이스, 당신이 상실의 영적인 측면에 대해 어떻게 생각하는지 알고 싶어요."

나는 그의 질문에 이렇게 대답했습니다.

"우리의 경험을 만드는 것은 바로 우리 자신의 생각이에요. 그렇다고 우리가 경험한 상실이 일어나지 않았다거나 상실로 인한 슬픔이 실제가 아니라는 뜻은 아니에요. 우리의 생각이 상실의 경험을 만들어간다는 얘기죠. 우리는 각자 다른 방식으로 슬픔을 경험합니다. 왜 그런지 좀 더 깊이 파고들어볼까요?"

데이비드는 남편이 뇌출혈로 갑자기 세상을 떠난 한 친구의 이야기를 꺼냈습니다. 나는 먼저 그 친구가 남편의 죽음에 대해 어떻게 생각하고 있는지를 물었습니다.

"당신의 친구가 남편의 죽음에 대해 어떻게 생각하고 있는지 말해보세요. 슬픔의 감정은 각자 다를 수 있어요. 왜냐하면 우리 모두는 서로 다른 생각을 하고 있으니까요. 바로 그녀의 생각에 열쇠가 있어요."

"내 친구가 무슨 생각을 하는지 내가 어떻게 알 수 있죠?" 데이비드가 어리둥절한 표정으로 나를 바라보며 물었습니다. 하지만 이내 무언가를 깨닫고는 말했습니다.

"아, 친구의 말과 행동 혹은 슬픔의 감정을 보면 그녀의 생각을 알 수 있겠군요. 친구는 내게 이런 말을 했어요. '나한테 이런 일이 일어나다니 정말 믿을 수 없어', '진짜 최악이야', '난 다시는 사랑하지 않을 거야' 같은 말이었어요."

나는 그 친구의 말을 바탕으로 내 생각을 이야기해주었습니다.

"좋아요. 그녀는 우리에게 많은 말을 하고 있어요. 자, '난 다시는 사랑하지 않을 거야'라는 말을 예로 들어보죠. 당신은 내가 긍정 확언을 얼마나 중요하게 생각하는지 잘 알 거예요. 긍정 확언이란 바로 긍정적인 자기 대화를 의미해요. 당신의 친구가 슬픔에 빠져 자기 자신에게 하는 말을 잘 생각해보세요. '난 다시는 사랑하지 않을 거야'라는 부정적인 말이 친구의 현실을 만들어낼 수 있어요. 하지만 더욱 중요한 사실은 그게 그녀 자신은 물론이고 그녀가 경험한 상실에도 전혀 도움이 되지 않는다는 거예요. 원래 슬픔의 고통은 단 하나뿐이었는데, 그런 생각 때문에 괴로움이 하나 더 추가되는 거죠. 고통으로 인해 다시 사랑할 수 없을 것 같은 기분이 들 수도 있어요. 하지만 당신 친구가 여러 가지 다른 생각에 마음을 연다면, 자신이 한 말에 담겨 있는 근원적인 믿음이 무엇인지 파악할 수 있을 거예요. 예를 들어 당신 친구가 자신의 상황을 다르게 인식할 수 있는 생각으로는 다음과 같은 것이 있겠죠."

나는 진심으로 모든 걸 다해서 남편을 사랑했어.
내가 느끼는 이 사랑의 감정은 남편에 대한 나의 사랑이 영원하다는 것을 보여주는 증거야.
나는 남편에 대한 사랑을 떠올리며 그를 위해 계속 노래하고 있어.

그러자 데이비드가 덧붙여 이야기했습니다. "시간이 흘러 죽음이라는 커다란 상실에서 어느 정도 벗어난 사람들은 이렇게 말할 수도 있겠네요."

나는 새로운 사랑에 마음이 열려 있어.
나는 살아 있는 동안 기꺼이 모든 사랑을 경험할 거야.

"맞아요. 하지만 당신이 알아야 할 게 있어요. 보통 사랑하는 사람의 죽음을 경험한 사람만 그런 부정적인 말을 하는 게 아니라는 겁니다. 연인과 사귀다 헤어졌거나 이혼을 경험한 사람들도 그런 말들을 많이 하죠. 따라서 우리는 모든 종류의 상실에 대해 한 걸음 더 들어가볼 필요가 있어요."

그리고 우리는 일상적인 상실을 경험한 이들에 대한 이야기를 이어나갔습니다.

♦ ♦ ♦

데이비드와 나는 왜 어떤 사람은 매사에 부정적으로 생각하고 행동하는 반면, 어떤 사람은 항상 관계를 잘 마무리하며 긍정적인 면을 찾아내는지에 대해서도 이야기를 나누었습니다. 그리고 대런과 제시카의 사례를 떠올렸습니다. 두 사람은 함께 교회에 나가고 묵상을 하며 아무런 문제없이 22년 동안 결혼생활을 해온 부부였습니다. 그런데 어느 순간 대런은 제시카와의 관계에서 미묘한 변화가 생긴 것을 느끼기 시작했습니다.

제시카는 새로운 삶을 살길 원하며 나에게 이렇게 말했습니다.

"내 인생이 이미 반쯤 흘러간 것처럼 보였어요. 그렇지만 내가 경험하지 못한 것들이 너무나 많았죠. 나는 지금까지의 생활에서 벗어나 더 많은 걸 경험해보고 싶었어요. 섹스나 불륜을 말하는 게 아니에요. 인생이 얼마나 긴지, 할 일이 얼마나 많은지 완전히 이해하지 못한 채 결혼이라는 책임과 의무만으로 살아왔다는 걸 깨달은 거죠. 나는 대런을 사랑했지만, 그는 집에서 아무것도 하지 않고 그저 휴식을 취하는 것만으로도 행복한 사람이었어요. 대런에게 어울리는 느린 삶은 저에게는 무척이나 지루했어요."

하지만 집을 떠나겠다는 제시카의 말에 대런은 격분했습니다.

"그는 내가 자신을 배신했다고 느꼈어요. 내가 자신을 탓하고 있다고 받아들이더군요. 하지만 결코 그런 건 아니었어요. 대런은 내가 더는 자신을 사랑하지 않는다고 비난했지만, 그건 사실이 아니에요. 나는 여전히 그를 사랑하지만, 현실은 우리의 낭만적인 관계가 끝났다는 걸 인정할 수밖에 없어요. 내가 그의 곁에 남는다면 우리 둘 다 불행해질 게 뻔했죠. 안타깝지만 나는 떠날 수밖에 없었어요."

치유가 필요한 상처를 입었을 때 우리는 모두 그 상처를 치유하고 보듬는 방향으로 나아갑니다. 그 과정이 분명하거나 매끄럽지는 않지만, 사랑은 치유를 위한 모든 것을 우리 앞에 가져다줍니다.

이혼으로 크게 상심한 대런과 달리 그의 아내인 제시카는 두려움이나 아픔이 아닌 압도적인 모험심을 느꼈습니다. 짐을 싸던 제시카가 대런의 눈물을 닦아주며 말했습니다.

"난 당신을 떠나는 게 아니야. 그저 다른 곳으로 가는 것뿐이지. 난 여전히 당신과 함께 이 세상을 살아갈 거야. 당신을 사랑하지 않는 게 아니야. 난 여전히 당신을 사랑해. 하지만 이게 우리에게 최선이야. 어느 순간 이렇게 하는 것만이 내 미래와 당신의 미래를 위해 옳다는 걸 알게 되었어."

하지만 상처받은 대런은 제시카의 말을 받아들이지 못하고 화를 내며 말했습니다.

"제시카, 그냥 날 더 이상 사랑하지 않는다는 걸 인정해."

대런의 말에 제시카가 대답했습니다.

"가끔은 작별 인사가 사랑한다는 말이기도 해."

이들의 이야기는 이별을 하는 관계에서 자주 볼 수 있는 것은 아닙니다. 나는 가끔 우리가 어떤 관계나 결혼생활을 끝내는 것에 대해, 그리고 평생을 해오던 일을 그만두는 것에 대해 얼마나 모르고 있는지 곰곰이 생각해봅니다. 우리는 단지 관계를 완성하는 방법을 모르고 있을 뿐입니다. 모든 관계에 시작이 있지만, 그중 일부에는 끝이 있습니다. 이 사실을 받아들일 때 상실의 슬픔에서 벗어날 수 있습니다.

상실의 모든 순간이 새로운 시작점입니다

나는 살아오는 내내 긍정 확언을 통해 삶이 변화하는 경험을 수차례 했습니다. 내 주변 사람들 중에도 긍정 확언의 효과를 경험한 사람이 많습니다. 내가 늘 말하듯이, 긍정 확언이란 슬프지 않은 척하는 것이 아닙니다.

"슬프지 않은 척하면 그 감정은 절대로 사라지지 않는 걸까요? 실제로는 어떻게 되는 걸까요?" 내가 데이비드에게 물었습니다.

그러자 데이비드가 대답했습니다.

"어떤 감정을 경험할 준비가 되어 있지 않다면, 그 감정은 처리되지 않고 보류된 상태로 남아 있을 겁니다. 지금이 때가 아니면 나중에 하면 되는 거죠. 언제 그 감정을 처리할 것인지는 선택의 문제라고 생각해요. 누구에게나 잠시 슬픔을 미뤄두어야 할 때가 있기 마련입니다. 너무 급작스럽거나 너무 고통스러워서일 수도 있고, 아이를 기르느라 혹은 일에 매달리느라 바빠서일 수도 있겠죠. 어떤 이유에서든 슬픈 감정이 오랜 기간 동안 처리되지 않은 채로 덩그러니 남겨진 때가 있을 겁니다. 그런 경우 오랫동안 방치되어 화가 난 슬픈 감정은 부정적인 방식으로 우리의 삶에 영향을 미칩니다. 하지만 그 슬픔이 우리의 현실이 되어서는 안 된다고 생각해요."

나도 데이비드와 같은 생각을 가지고 있었습니다.

"맞아요, 데이비드. 우리의 내면에는 새롭고 더 긍정적인 현실을 창조할 힘이 있어요. 슬픔과 상실에 대한 생각을 바꾼다고 해서 고통을 느끼지 않는다거나 슬픔을 겪지 않는 건 아니에요. 단지 어떤 하나의 감정에 갇히지 않는다는 것을 의미할 뿐이죠. 사람들은 상실의 슬픔을 온전히 느꼈던 순간을 되돌아보며 자신이 그 감정을 충분히 느꼈다는 사실에 만족하고 기뻐합니다. 어떤 관계가 끝났을 때 그 관계에 대해 충분히 애도할 시간을 가졌던 것에 대해 기뻐하죠. 사랑하는 사람이 세상을 떠났다고 해도 그 이후에 슬픔이라는 감정을 소중하게 여길 수 있게 되었다는 사실에 기뻐하기도 하고요. 오랜 기간 슬픔으로 힘겨워하던 사람들이 훗날 '그만큼 고통스러워 할 필요가 없었어요'라고 말하곤 합니다."

데이비드가 자신이 알고 있는 한 여자에 대한 이야기를 꺼냈습니다.

"저도 그런 사례에 대해 잘 알고 있어요. 예전에 자동차 사고로 남편을 잃은 한 여성을 만난 적이 있어요. 그녀는 남편이 사망한 지 거의 10년이 지나서야 고통에서 벗어나 남은 평생 남편을 그리워하고 사랑하며 보낼 수 있게 되었다고 말한 적이 있어요. 그녀가 좀 더 일찍 남편을 그리워하며 기억하는 법을 배웠다면 어땠을까요? 나와의 대화를 마칠 때쯤 그녀는 나에게 이렇게 말했어요. '사랑을 소중히 여기는 것, 그것이 이제부터 제가 할 일입니다. 더는 고통을 기리지 않을 거예요.'"

"그게 바로 우리가 하려는 이야기입니다. 우리가 지키고 싶은 건 사랑이지 고통이나 괴로움이 아니에요. 이 책에서 우리는 마음가짐에 대해 이야기할 거예요. 말하자면 슬픔과 상실에 적용할 수 있는 긍정 확언에 관한 것이지요. 그것이 슬픔이 아닌 희망을 가져다줄 거예요. 우리는 사람들이 슬픔을 극복하고 평화로 나아갈 수 있다는 사실을 깨닫게 하는 동시에 그 방법에 대해 가르쳐줄 겁니다. 우리에게는 상실로 슬픔에 빠진 자신의 마음을 치유할 능력이 있습니다. 그 능력을 되찾는다면 남은 평생 고통 속에 살지 않아도 됩니다. 하지만 그건 하루아침에 해낼 수 있는 일이 아니에요."

"정말 맞는 말이에요. 상실의 감정으로부터 치유된다는 건 며칠 감기를 앓다가 회복되는 것 같은 과정은 아니니까요. 치유에는 시간이 걸리지만, 우선 자기 스스로 마음의 평화를 원한다는 사실을 깨달아야 합니다. 그리고 내면의 평화를 얻기 전에 느끼는 슬픔도 중요합니다. 그 슬픔의 감정이 우리가 내면을 단단하게 다져나가는 동안 자신의 감정을 충분히 드러내게 해주기 때문입니다." 데이비드가 대답했습니다.

나는 종종 '부정, 분노, 타협, 절망, 수용'이라는 엘리자베스 퀴블러 로스의 슬픔의 다섯 단계에 대해 생각합니다. 마음을 치유하는 것은 궁극적으로 수용의 단계에 이르러 현실 속에서 사는 것을 의미합니다. 그것은 상실을 경험해서 기쁘다거나 괜찮다고 말하는 것이 아니며, 상실에 직면한 현실을 받아들이는 것을 의미합니다. 마음으로는 여전히 사랑하던 이가 다시 돌아오길 간절히 바라고 있더라도 말이죠.

데이비드는 나에게 젊은 나이에 난소암을 진단받은 크리스티나라는 여성의 이야기를 해주었습니다. 크리스티나의 난소암은 빠르게 전이되었고, 결국 시한부 판정을 받게 되었습니다. 드물긴 하지만 간혹 젊은 사람이 부모보다 자신의 죽음을 더 쉽게 받아들이는 경우가 있습니다. 크리스티나의 경우에도 치료 과정과 경과를 꼬박꼬박 챙기며 여전히 그녀가 회복할 수 있다고 믿는 것은 그녀의 어머니인 데브라였습니다. 하지만 크리스티나는 스스로 바꿀 수 있는 것과 바꿀 수 없는 것에 대한 자신만의 통찰력을 가진 용감한 사람이었습니다. 크리스티나는 자신이 죽어가고 있음을 알았고, 그 사실을 받아들였습니다. 그리고 그 마음가짐은 그녀에게 평화를 가져다주었습니다. 하지만 데브라는 그러지 못했습니다.

데브라는 "넌 이대로 죽기엔 너무 어려. 나보다 어린 네가 이렇게 젊은 나이에 죽을 순 없어"라며 현실을 받아들이지 못했습니다. 그때마다 크리스티나는 데브라와 갈등을 겪었습니다.

"엄마, 지금 제가 죽어가고 있는 걸 설명할 수 있는 다른 방법은 없어요. 인생을 완성하는 데 필요한 건 탄생과 죽음, 이 두 가지뿐이에요. 나는 지금까지 잘 살아왔고, 머지않아 죽음으로 내 인생은 완성될 거예요. 이건 모든 사람이 겪는 과정이에요. 우리는 그 안에서 평화를 찾아야 해요."

크리스티나는 어머니에게 이렇게 말하곤 했지만, 자신이 떠난 후에 남겨질 어머니에 대한 걱정으로 잠을 이루지 못하는 날도 많았습니다.

얼마 후 크리스티나는 편안하게 세상을 떠났고, 데이비드는 몇 달에 한 번씩 데브라를 만나곤 했습니다. 크리스티나가 데브라도 자기처럼 마음의 평화를 얻기를 얼마나 원했는지 데이비드는 누구보다 잘 알고 있었습니다. 그럼에도 불구하고 그토록 바라던 평화는 데브라를 비껴갔습니다. 하지만 몇 년 후 우연히 데브라를 만났는데, 설명하기 힘든 어떤 변화가 그녀에게 일어났음을 느낄 수 있었습니다. 데이비드가 그녀에게 어떤 변화가 있었는지 묻자 그녀가 대답했습니다.

"나는 마음의 평화보다는 크리스티나를 더 원했다는 걸 깨달았어요. 그러고 나니까 저 자신과 크리스티나를 위해 마음의 평화가 필요하다는 걸 알겠더라고요. 사랑하는 사람이 편히 쉬기를 바라는 마음이 어떤 것인지 이제야 깨달은 거죠."

데이비드가 나에게 말했습니다. "지금도 크리스티나와 데브라를 생각하면 마음의 평화를 간절히 원하는 것이 얼마나 중요한지 알 수 있어요."

나 또한 데이비드의 말에 동의했습니다.

"우린 흔히 듣는 말들을 아무 생각 없이 흘려보내곤 하지만, 가끔은 그런 말의 의미를 다시 생각해볼 필요가 있어요. '편히 잠드소서'라는 말을 생각해봐요. 우리 모두 이 말을 들어봤지만, 데브라가 처한 상황에서 이 말은 사랑이 영원히 사라지지 않는다는 것을 깨닫고 결국 크리스티나가 평화로워지기를 원하게 된 것을 의미합니다. 데브라와 마찬가지로 크리스티나도 죽음이 끊어놓지 못하는 깊은 유대를 받아들이며 어머니가 매일 밤 평화롭게 쉬기를 원했을 겁니다. 이제 데브라는 언젠가 서로 다시 만날 수 있다는 확고한 믿음을 갖게 된 것이지요."

당신의 슬픔이 어떤 상실에서 비롯된 것이든, 평화를 찾고 마음을 치유하고 싶다는 생각을 하는 것이 중요합니다. 충분히 슬픔을 느낀 후에는 평화를 찾을 수 있다는 사실을 아는 것만으로도 큰 위안과 힘을 얻을 수 있습니다.

우리가 결코 잊어서는 안 되는 것은 상실과 마음을 치유하는 것은 가능하다는 사실입니다. 그건 누구나 해낼 수 있는 일입니다. 하지만 당신이 느끼는 슬픔은 바로 당신의 지문만큼이나 고유한 것임을 잊어서는 안 됩니다.

마음을 완전히 치유하려면 당신이 겪은 상실과 그로 인한 슬픔을 정확히 인식해야 합니다. 사람들은 자신이 겪고 있는 상실과 슬픔을 이해하지 못하는 친구에게 마구 화를 내기도 합니다. 상대방이 당신의 슬픔을 이해하지 못하는 것은 어쩌면 당연한 일일지 모릅니다. 오직 당신만이 자신이 경험한 상실과 슬픔을 진정으로 알아볼 수 있습니다. 그것을 치유할 수 있는 사람은 바로 당신, 오로지 당신 자신뿐이기 때문입니다.

상실의 세 가지 원형과 이를 대하는 우리들의 자세

대부분의 사람은 상실에도 다양한 유형이 있다는 사실에 놀라곤 합니다. "상실은 상실일 뿐이죠"라고 말하는 이들도 있습니다. 어떤 면에서 그것은 사실이지만, 특정한 상실의 유형이 너무나 많기 때문에 그 원형을 살펴볼 가치가 있습니다.

이 장의 나머지 부분에서는 원치 않는 이별이나 예기치 못한 죽음 등 복잡한 감정이 뒤섞인 상실, 상실을 겪게 되지는 않을까 하는 불안감에서 오는 상실, 마음껏 애도를 표현할 수 없는 이들의 감춰진 슬픔에 대해 중점적으로 이야기할 것입니다. 슬픔은 이 모든 상실에 대한 반응이라는 사실을 기억하는 것은 매우 중요합니다. 복잡한 유형에 얽매일 필요는 없지만, 자신이 어떤 종류의 상실을 겪고 있는지 이해하면 각자 처한 상황에서 '최고의 자아'를 찾는 데 도움이 될 수 있습니다.

복잡한 상실

간단히 말해, 복잡한 상실은 여러 가지 요인에 의해 복잡해진 모든 상실을 의미합니다. 대부분 관계가 자연스럽게 끝날 때 상실을 경험하게 된다는 건 누구나 알고 있습니다. 부부관계에서 두 사람 모두 별거나 이혼에 합의한다면, 그것은 복잡하지 않은 상실이라고 할 수 있습니다. 나이가 많은 친척 한 분이 행복하게 백수를 누리다가 누구나 예상할 수 있는 죽음을 맞는 것 역시 복잡하지 않은 상실입니다. 하지만 이런 경우가 얼마나 될까요? 얼마나 많은 사람들이 합의를 한 상태에서 이별을 하고, 모두가 예상하는 죽음을 맞을 수 있을까요?

모든 사람의 삶은 복잡하기 그지없습니다. 그들이 겪는 상실도 마찬가지입니다. 우리가 전혀 예상하지 못했을 때 상실은 더 복잡해집니다. 이런 상실은 기습공격과 같습니다. 하지만 제아무리 복잡한 상황에서 겪은 상실이라도 치유의 가능성은 언제나 열려 있습니다. 우리가 어떻게 생각을 바꿀 수 있는지 몇 가지 예를 들어볼까요?

부부 중 한 사람은 별거를 원하는데 다른 사람은 원하지 않는다면, 이렇게 생각해볼 수 있습니다.

지금은 별거가 이해되지 않지만, 현실로 받아들이고 아픔을 치유할 거야.

이와 똑같은 생각은 이혼에 대해서도 적용될 수 있습니다.

우리가 이혼할 필요가 없다고 생각하지만, 상대방이 이혼을 원하고 있어.
나는 동의하지 않지만, 우리는 모두 각자의 운명을 선택할 수 있고, 나의 배우자 역시 자신의 운명을 선택한 거야.
모든 사람에게는 결혼을 지속할 것인지 결정할 권리가 있어.

가까운 친구가 젊은 나이에 죽음을 맞았다면, 마음속으로 이렇게 생각할 수 있습니다.

그 사람에게 이렇게 젊은 나이에 죽음이 찾아올 줄은 몰랐어.
그가 인생에서 더 많은 것을 경험할 것이라고 믿었는데.
하지만 내가 모든 것을 다 이해하거나 알 수는 없어.
너무 화가 나고 혼란스럽지만, 내가 모든 이의 삶의 여정을 다 이해할 수는 없어.

명심해야 할 것은 상실은 복잡할 수는 있지만 치유까지 복잡할 필요는 없다는 사실입니다.

불안감에서 비롯된 상실

불안감에서 비롯된 상실의 몇 가지 예를 살펴볼까요? 한 커플이 세 번째 냉각기를 가진 후에 이렇게 말할지도 모릅니다. "별거 때문에 피가 마릅니다. 잘 해결되지 않으면 이 관계를 영원히 끝내고 싶어요." 이때 도움이 될 만한 긍정 확언으로는 다음과 같은 것이 있습니다.

이번 별거를 통해 보이지 않던 귀중한 사실을 알게 될 거야.
이런 관계는 때가 되면 나아지거나 아니면 끝이 날 거야.

건강에 오랫동안 심각한 문제를 안고 있는 사람이라면 "검사 결과를 기다리면서 보낸 시간이 정말 끔찍해요" 또는 "완전히 낫지 않는다면, 그냥 죽고 싶어요"라고 말할 수 있습니다. 이런 경우에 다음과 같은 긍정 확언을 이용해보는 것이 좋습니다.

검사 결과만이 내 건강을 명백히 보여주는 건 아니야.

소중한 것을 잃을까 봐 전전긍긍하는 것은 상실 그 자체 못지않게 맥이 빠지는 일입니다. 인생은 때때로 이러지도 저러지도 못하는 어정쩡한 상태에 당신을 놓아버립니다. 그럴 때 당신은 상실을 경험할 것인지 아닌지 알 수 없습니다. 사랑하는 이의 수술이 잘 끝났는지 알기 위해 혹은 사랑하는 이가 혼수상태에서 벗어날 때까지 몇 시간을 기다려야 할지도 모릅니다. 불안한 상태에서 며칠을 기다려야 할 수 있습니다. 아이를 잃어버린 부모는 몇 시간, 며칠, 몇 주 혹은 그보다 더 오랜 시간을 불안한 상태에서 지낼 수도 있습니다. 전투 중 실종된 군인 가족은 수십 년간 이도 저도 아닌 상태에 갇혀 쓰라린 삶을 살아가기도 합니다. 수년이 지나도 남겨진 사람들은 여전히 상실에서 벗어나지 못합니다. 아마도 진실을 알 때까지는 계속 그 상태를 벗어날 수 없을지도 모릅니다. 그들이 알고 싶은 소식은 끝내 들리지 않을 수도 있습니다. 상실에 대한 불안감을 안고 살아간다는 것은 그 자체로 상실과 다름없습니다.

그렇다고 꼭 그렇게 살아야 할 필요가 있을까요? 폭풍이 몰아치면 당신은 항구를 찾을 수도 있습니다. 상실에 대한 불안감에 휩싸여 있는 동안 벌어질 최악의 결과를 상상하며 잔뜩 겁을 집어먹게 될 수도 있겠죠. 실제로 상실이 발생하면 어떻게 견뎌내야 할지 막

막할 수도 있을 겁니다. 이러한 상황에서 당신은 무력해질 수 있지만, 그것은 다른 사람에게나 자신에게 전혀 도움이 되지 않습니다. 이런 경우에 유용한 치유 확언은 다음과 같습니다.

비록 사랑하는 이의 행방을 알지 못하지만, 하느님의 사랑 안에서 안전하게 보살핌을 받고 있다고 굳게 믿어.

헤어질 때 '그의 마음을 되돌려야 해. 난 아직 끝낼 준비가 되지 않았어'라고 생각할 수도 있습니다. 그런 경우에 이렇게 말해보는 건 어떨까요?

결과는 알 수 없지만, 인생은 나를 사랑해.
그러니까 그와 함께하든, 함께하지 못하든 나는 괜찮을 거야.

누군가와 이별하는 데 힘겨운 시간을 보내고 있다면, 이렇게 한 번 되뇌어보세요.

그 사람이 내가 아닌 다른 누군가와 더 잘 맞는 사람이라면,
그들이 함께 할 수 있도록 길을 비켜주자.

감춰진 슬픔

사회적으로 슬퍼할 권리를 인정받지 못한 상실을 경험할 때 사람들은 자신의 슬픔을 감추기도 하고, 불가피하게 슬퍼할 시간을 박탈당하기도 합니다. 이런 소외된 슬픔은 종종 받아들여지지도 않고 공개적으로 애도되지도 않습니다.

예를 들어 동성애 관계나 동성 결혼처럼 사회적으로 승인되거나 공개적으로 인정되지 않는 관계입니다. 이런 경우에는 다음과 같이 한번 생각해보세요.

다른 사람들이 내 사랑에 대해 어떻게 생각하든 나는 내 사랑과 상실을 존중한다.

전처나 전남편이 세상을 떠난 경우와 같이 과거의 관계에서 상실을 경험했을 때에도 슬픔을 인정받기 힘든 경우가 있습니다. 그런 경우에는 다음과 같이 생각할 수 있습니다.

사랑하는 사람이 나의 전 배우자이지만, 사랑의 감정은 과거뿐만이 아니라 지금도 여전히 계속되고 있어.
나는 배우자에 대한 내 사랑을 완전히 슬퍼할 거야.

낙태나 유산을 했을 때에도 상실의 감정을 드러내는 것은 쉽지 않습니다. 그럴 때는 이렇게 한번 생각해보세요.

나는 아이를 잃은 것을 인정하고 그 현실을 존중하고 있어.

죽음에 이르는 과정에서 오명을 얻게 되는 일도 있습니다. 자살, 알코올 중독 혹은 약물 과다 복용으로 죽음을 맞은 이들의 경우, 그들의 잘못된 선택 때문에 그 사람의 죽음을 죄악처럼 여겨 제대로 슬픔을 느끼지 못하게 합니다. 사랑하는 사람이 자살을 했다면 이렇게 한번 생각해보세요.

내가 사랑하는 사람은 고통 속에서 올바른 출구를 찾지 못했어.
나는 이제 그를 온전하게, 그리고 평화롭게 바라볼 거야.

알코올 중독이나 약물 중독으로 세상을 떠난 이들에 대해서는 다음과 같이 생각할 수 있습니다.

내가 사랑하는 사람은 최선을 다했어.
나는 중독되기 전 그의 모습을 기억하며, 지금은 중독 없는 그의 모습을 보고 있어.

반려동물을 잃고 난 후 경험하는 상실은 조롱거리가 될 수 있다는 두려움에 함부로 이야기하지 못하는 경우가 있습니다. 그럴 때는 이렇게 한번 생각해보세요.

나는 진심으로 내 반려동물을 사랑해.
나는 나의 상실을 이해할 수 있는 사람들에게만 내 슬픔을 나누겠어.

감춰진 슬픔에 관한 한 당신은 다른 사람들의 생각을 바꿀 수는 없지만 언제든 자신의 생각을 바꿀 수 있다는 것을 기억하세요.

나는 나의 모든 상실을 존중한다.

상실에는 다양한 유형이 있고, 또 그 이름도 여러 가지가 있습니다. 우리는 각자 고유한 방식으로 슬퍼하지만, 상실의 경험만큼은 보편적입니다. 따라서 상실이 보편적이라면 치유도 마찬가지라는 점을 잊지 말아야 합니다. 이별이나 이혼 또는 죽음을 통제하는 것은 거의 불가능하지만, 그 뒤에 따라오는 생각은 완전히 통제할 수 있습니다. 당신은 슬픔을 온전하게 느끼고 치유를 갈망할 수도 있고 고통의 희생자가 될 수도 있습니다. 분명한 사실은 긍정 확언은 당신의 생각을 치유하고 고통에서 멀어지게 하는 귀중한 도구라는 것입니다.

2장에서는 다양한 관계 속에서 마주치는 상실에 대해 자세히 살펴보고, 미래에 우리 자신에 대한 더 큰 사랑을 드러낼 수 있도록 생각을 치유하는 데 집중하며, 부정적인 믿음을 깨뜨리는 방법에 대해 알아봅시다.

Chapter 2

이별이 남긴 상처를
품고 사는 이에게

당신은 사랑받을 가치가 충분합니다

이별 후에 스스로에게 되뇌는 말이나 다른 이들에게 들은 말은 우리에게 어떤 메시지를 전달하며 강력한 영향력을 행사합니다. 하지만 그 메시지는 진실이 아님을 우리는 이미 알고 있습니다.

이별을 한 사람들은 대부분 깊은 슬픔 속에 빠져들거나 마치 검은 먹구름이 잔뜩 낀 하늘 아래 서 있는 듯한 기분을 느낍니다. 하지만 헤어짐 후에 느끼는 이런 감정을 다른 방식으로 생각하고 받아들일 방법은 없는 걸까요? 슬픔은 진짜 감정이지만, 슬프다고 꼭 우울해해야만 할까요? 사랑의 감정을 느끼게 해준 사람에 대해 감사하는 마음을 가질 수는 없는 걸까요? 잠깐 멈춰서서 '정말 멋진 시간이었어. 내 인생의 놀라운 한 장을 장식했어'라고 생각할 수는 없을까요? 연애를 끝내고 좌절감이나 분노를 느끼는 대신 상대방과 악수하며 "당신과 함께한 시간은 정말 즐거웠어요"라고 말하고 자신의 길을 갈 수 있다면 정말 좋지 않을까요? 혹은 "고마워요, 당신과 만나며 많은 걸 배웠어요"라고 말하는 건 어떨까요?

대부분의 사람들이 그렇듯이, 당신도 사랑에 빠지면 장밋빛 인생이 펼쳐진다고 생각할 겁니다. 그렇다면 이별 후에 혼자 지내는 시간은 당신에게 어떤 가치가 있는지 생각해보세요. 그러려면 먼저 이별 후에 찾아오는 고통을 충분히 느껴야 합니다. 끊임없는 부정적인 생각은 괴로움을 더할 뿐입니다. 부정적인 생각이 꼬리를 물 때는 사람들과 대화를 해보세요. 특히 세상을 오래 살면서 경륜을 쌓은 분들과 이야기를 나눠보세요. 누군가와 사귈 때는 물론이고 사귀지 않을 때도 그들의 삶이 얼마나 멋졌는지를 한번 들어보세요.

의식의 모든 단계에서 대화와 명상을 하고 기도를 하고 긍정 확언을 하는 것은 놀라운 치유력을 지니고 있습니다. 어떤 사람들은 이별 이후의 시간이 인생에서 가장 심오한 시간이었으며, 재창조와 개혁, 성장의 시간이었다고 말하기도 합니다.

이번 장에서 우리는 이별 후에 스스로 돌파구를 찾아낸 이들의 이야기를 통해 이별의 슬픔과 고통에 대한 통찰을 얻어볼 것입니다. 그리고 가능하면 어떻게 이별을 새로운 시각으로 볼 수 있는지도 알아볼 것입니다. 그것도 아주 긍정적인 시각으로 말이죠.

♦ ♦ ♦

많은 사람을 괴롭히는 것 중 상당 부분은 두려움입니다. 관계의 상실에서 가장 근본적인 두려움 중 하나는 '버림받았다'라는 감정입니다. 예를 들어 '그 사람은 나와 함께했어야 했어'라고 생각할 수도 있을 겁니다. 하지만 그걸 어떻게 확신하죠? 어쩌면 그건 사실이 아닐 수도 있습니다. 다른 방식으로 한번 생각해볼까요? 당신은 아마 스무 살에 2년 동안 한 사람과 로맨틱한 연애를 하고, 서른 살부터 20년 동안 다른 사람과 행복한 결혼생활을 하게 될지 모릅니다. 사람들은 언제든 당신 삶에 들어왔다 떠나갑니다. 그런 게 바로 사랑입니다.

우리가 당신의 생각을 바꾸라고 요구하는 것처럼 들리나요? 맞습니다. 하지만 정말로 바꾸길 바라는 것은 단 한 가지, 상실을 부정적인 방식으로 받아들이는 것뿐입니다. 우리가 궁극적으로 바라는 것은 당신이 스스로 생각을 확대하여 삶에서 일어나는 여러 사건을 더 넓은 시각으로 바라보는 것입니다. 우리가 누구이며, 무엇을 두려워하고, 우리의 힘은 어디서 나오는지, 그리고 진정한 사랑의 의미는 무엇인지 이해할 때 비로소 관계 속에서 새로운 기회를 찾을 수 있습니다.

다른 이들과의 관계라는 것이 때로는 몹시 실망스럽고, 힘들고, 가슴 아픈 경험일 수 있다는 것을 우리는 누구보다 잘 알고 있습니다. 따라서 관계가 배움의 기회라는 생각은 우리의 직관에 어긋나는 것처럼 보일 수 있습니다. 그럼에도 우리는 관계 속에서 훨씬 더 많은 것을 배울 수 있습니다. 관계는 우리에게 진정한 사랑과 치유의 방법을 찾을 수 있는 최고의 기회를 가져다줍니다.

이별 때문에 슬퍼하는 순간 당신은 온전한 존재로서 자신이 사라졌다고 잘못 인식할 수 있습니다. 당신의 온전함이 누군가에 의해 영향을 받는다고 생각하면, 당신은 혼자만으로는 온전해질 수 없다고 여기게 됩니다. 즉, 자기 혼자서는 완전하지 않고, 자기만의 사랑을 찾을 수도 없으며, 개인적인 삶에서든 직장생활에서든 행복할 수 없는 존재로 스스로를 인식하는 것입니다.

사랑할 사람을 애써 찾기보다는 스스로를 더 사랑받을 가치가 있는 사람으로 만드세요. 현재의 연인에게 더 많이 사랑해달라고 끊임없이 요구하기보다 스스로 사랑받을 가치가 있는 사람이 되세요. 당신이 가치 있는 사람이 되었는데도 상대가 당신을 떠난다면, 그 사람은 그냥 당신에게 맞는 사람이 아닐 뿐입니다.

사랑을 찾으려면 당신이 사랑받고 싶은 만큼 똑같이 상대에게도 사랑을 주고 있는지, 아니면 남들이 당신에게 더 많은 사랑을 주기만을 기대하고 있는지 스스로에게 물어보십시오. 당신이 타고 갈 배가 뜨지 않으면 아무도 당신과 함께 바다를 건너고 싶어 하지 않을 것입니다.

관계에 대한 생각이 이별 후의 슬픔을 결정합니다

여러 종류의 관계에서 비롯된 슬픔을 자세히 살펴보기 전에 먼저 사람들이 타인과 관계를 맺는 동안 어떤 생각을 하는지를 파악할 필요가 있습니다. 한창 연애를 할 때 당신이 그 관계에 대해 어떤 생각을 가지고 있는지가 바로 이별 후에 당신이 겪게 될 슬픔의 방식이 됩니다. 만약 연인과의 관계에서 결핍을 느낀다면, 이별 후에 겪는 슬픔에도 결핍이 반영됩니다. 다른 사람과의 관계에서 분노가 가득했다면, 그 관계가 끝난 후 슬픔과 더불어 분노의 감정 역시 따라올 것입니다.

우리는 단지 이별 후에 느끼는 슬픔을 더 넓은 시각으로 바라보는 방법을 소개하고 싶지는 않습니다. 그보다는 슬픔에 대해 더 넓은 시각을 갖는 것이 연인과의 관계에 어떻게 작용하는지 당신이 먼저 깨닫기를 바랍니다. 조안나와 그레이스 자매의 사례가 도움이 될 것입니다.

조안나와 그레이스는 일란성 쌍둥이 자매입니다. 두 자매는 태어난 시간의 차이는 불과 몇 분에 지나지 않았지만, 관계를 다루는 방식에서는 전혀 다른 생각과 태도를 가지고 있었습니다.

그레이스의 남자친구는 소프트웨어를 개발하는 컴퓨터 전문가였습니다. 그레이스는 그런 남자친구와 함께 있는 게 언제나 즐거웠고, 그들의 관계를 몹시 소중하게 여겼습니다. 그래서 남자친구가 다른 여자가 생겼다고 말했을 때 엄청난 충격을 받았습니다. 하지만 그레이스는 남자친구와의 이별을 그대로 받아들였습니다.

"인연이 아니었나 봐. 결국 나와 어울리는 사람이 아니었던 거지. 딱 1년 만날 사이였던 거야." 이처럼 그레이스는 자신만의 독특한 방식으로 과거를 대했습니다.

"그 사람이 인연이라고 생각한 게 아니었어?"

쌍둥이 언니인 조안나가 안타깝게 묻자, 그레이스가 대답했습니다.

"글쎄, 그가 내 인연이었다면, 우린 아직도 함께 있을 거야. 헤어졌다는 건 그냥 딱 1년 만날 사람이었다는 의미야. 평생이 아니라."

조안나는 그런 동생을 바라보며 슬픔과 고통을 느꼈습니다. 하지만 그녀의 이런 감정은 동생의 연애에만 국한된 것이 아니었습니다. 조안나의 자신의 사랑과 연애에 대해서도 부정적인 감정을 가지고 있었습니다. 연애를 할 때에도 그녀는 행복보다는 불안함을 더 많이 느꼈고, 이별 후에는 언제나 후회에 빠져 있곤 했습니다.

조안나에게는 스포츠 캐스터로 일하는 멋진 남자친구 필이 있었습니다. 두 사람은 여러 면에서 멋진 커플이었지만, 조안나는 과거의 연인이었던 맥스와 헤어진 일을 후회하고 있었습니다. 그리고 여전히 '내가 실수만 하지 않았다면, 지금 맥스와 나는 여전히 함께 있을까?'라는 생각에서 벗어나지 못하고 있었습니다. 그리고는 필에게 똑같은 실수를 저지르지 않을지 전전긍긍했습니다.

그레이스는 그런 조안나에게 "지나간 관계는 잊는 게 좋아. 그냥 현재의 관계에 집중해. 필에게 충실하란 말이야"라고 충고를 하곤 했습니다. 하지만 조안나에게 동생의 조언은 말은 쉬워도 실천하는 것은 어려운 일처럼 느껴졌습니다.

이들 쌍둥이 자매는 관계를 유지하고, 끝내며, 새로운 관계를 맺는 데 완전히 다른 방식을 가지고 있었습니다. 그 이유는 그들이 경험을 통해 서로 다른 학습의 과정을 거쳤기 때문입니다. 우리 모두는 각자의 경험을 통해 서로 다른 생각을 갖게 됩니다. 우리는 종종 내적 과정을 설계하거나 진단을 내리며 자신의 생각을 바꿔보려고 애쓰지만, 우리에게 가르침을 주는 것은 언제나 삶 그 자체입니다.

그렇다고 우리가 살아가면서 실수를 저지르지 않는다는 건 아닙니다. 우리는 인생이라는 게임에서 한 걸음 떨어져서 단지 그것을 고찰하기만을 바라지 않습니다. 그럴 경우 어느 순간 자기 성찰은 방종으로 변질될 수 있습니다. 그래서 우리는 늘 변화를 향해 앞으로 나아가야 합니다.

우리는 타인을 통제할 수 없습니다. 물론 과거를 바꿀 수도 없죠. 하지만 내적 대화만큼은 완전하게 통제할 수 있습니다. 조안나의 경우 자신의 부정적인 생각이 남자친구와의 관계를 방해하고 있음을 깨달아야 생각의 변화가 다른 현실을 만들어낼 수 있음을 자각하게 될 겁니다.

당신이 '나는 똑같은 실수를 하게 될 거야'라는 생각을 가지고 있다고 해봅시다. 그 생각을 한순간에 바꿀 수는 없지만, 치유를 위한 하나의 가이드로 그것을 사용할 수는 있습니다. 예를 들어 같은 실수를 할까 봐 두려워하기보다는 다음과 같은 긍정 확언을 이용하는 것입니다.

나는 과거의 실수를 통해 치유되었어.

이 확언을 통해 조안나는 마지막 연애에서 같은 실수를 피할 수 있었습니다. 사람들은 가끔 '나는 완전히 치유되었어. 그러니 이제 모든 게 완벽해질 거야'라는 생각을 합니다. 하지만 사실 세상은 언제나 치유를 향해 계속 나아가고, 그것은 조안나에게도 변함없는 진실입니다. 항해가 늘 잔잔하지만은 않겠지만, 적당한 때가 오면 치유의 다음 단계로 넘어가게 됩니다.

조안나는 자기 자신에게 도움이 되지 않았던 또 다른 성격적 특성을 돌이켜보게 되었습니다. 그녀는 스스로에게 다음과 같이 물어보면서 필에 대해 하나씩 진단해보기 시작했습니다.

'그가 정말 남은 인생을 나와 함께할 사람일까?'

'그는 좋은 아빠가 될까?'

'그와의 섹스는 항상 만족스러울까?'

'내 친구들이 그를 좋아할까?'

'우리 가족이 그를 받아들일까?'

이러한 질문들은 합리적인 것처럼 느껴질 수 있습니다. 조안나는 이처럼 지나칠 정도로 주도면밀하게 자신의 삶과 다른 사람들과의 관계에 대해 검토를 거듭했지만 그녀의 삶에는 살아 움직이는 생명력이 느껴지지 않았습니다. 이렇게 모든 면을 일일이 따져보느라 바쁘다면, 당신은 그 순간을 진심으로 정직하고 열린 마음으로 살고 있지 않은 것입니다. 조안나의 경우 역시 마찬가지입니다. 그녀의 이런 부정적인 생각은 필과 헤어진 후에 그녀가 느끼게 될 슬픔에 영향을 미칩니다.

그녀의 첫 번째 질문은 '그가 정말 남은 인생을 나와 함께할 사람일까?'입니다. 이 질문에 대한 정답은 오늘 하루 그는 그녀와 함께할 사람이라는 것입니다. 현재의 순간에 관한 것이 아니라면 어떤 것도 물어볼 필요는 없습니다. 누구도 미래에서 행복을 찾을 수 없습니다. 그가 오늘 여기 있다는 사실은 그가 오늘 존재함을 의미할 뿐이니까요.

현재와 현실 속에서 살아가는 데 도움이 되는 것은 "그는 오늘 나와 함께할 사람이다"라는 사실입니다. "그는 내 남은 인생을 함께할 사람이다." 이 말은 사실일 수도 있고 아닐 수도 있습니다. 다른 사람과 평생 함께하게 될지 아닐지는 당신이 알 수 없는 영역입니다. 관계가 끝날 때 당신은 슬픔을 느낄 것입니다. 하지만 상대가 '대단한 사람'이었다고 믿는다면, '영원한' 짝을 잃어버린 것이 되겠죠. 그럴 때는 잊지 말고 이 확언을 사용해보세요.

그는 오늘 하루 나의 단 한 사람이다.

조안나의 두 번째 질문은 '그는 좋은 아빠가 될까?'입니다. 생각이 자기 자신이 아닌 타인에게 향하고 있다면 행복을 찾을 수 없습니다. 조안나는 필이 좋은 아버지가 될 것인지를 물어볼 게 아니라, 자신이 좋은 엄마가 될 수 있는지를 물었어야 합니다. 우리는 현실을 직시해야 합니다. 누군가가 좋은 부모가 될지 그렇지 못할지를 우리가 정말 알 수 있을까요? 우리 중 꽤 많은 사람에게는 '주변에' 훌륭한 부모가 될 것 같았는데 막상 부모가 되고 나니까 자질이 부족한 것으로 드러난 형제자매나 친구들이 있을 것입니다. 동시에 부모 자질이 한없이 부족해 보였던 사람이 의외로 부모로서의 역할을 훌륭하게 잘 해내는 모습을 보면서 깜짝 놀라기도 합니다. 결국 조안나 역시 부모가 된 다음에야 자신의 육아를 통제할 수 있다는 것이죠. 그녀를 위한 더 긍정적인 확언은 다음과 같습니다.

나는 최고의 부모가 되기 위해 열심히 노력할 거야.

조안나의 세 번째 질문은 '그와의 섹스가 항상 만족스러울까?'였습니다. 궁극적으로 섹스는 단 한 군데, 바로 당신 머릿속에서만 존재합니다. 그가 앞으로 당신에게 성적인 흥분을 가져다줄지 그렇지 못할지는 당신이 알 바가 아닙니다. 당신이 집중해야 할 것은 자신이 성적인 경험에 얼마나 중점을 둘 것인가 하는 점뿐입니다. 조안나는 오늘 밤 자신의 모든 열정을 펼칠 준비를 한 채 침실에 들어갈 수 있습니다. 이때 할 수 있는 긍정 확언은 다음과 같습니다.

나는 오늘 밤 섹스에 모든 것을 쏟아부을 거야.

조안나의 다음 질문은 '친구들이 그를 좋아할까?'였습니다. 친구들은 조안나가 그들에게 전달하는 생각을 그대로 받아들일 것입니다. 조안나가 필에 대한 의심이 담긴 질문을 던지면 그들도 필을 의심하게 될 것이고, 조안나가 필과 함께할 때 얼마나 행복한지를 전하면 친구들 또한 자연스럽게 필을 좋아할 것입니다. 이때의 긍정적인 확언은 다음과 같습니다.

나의 친구들은 그와 함께 있을 때 내가 행복해하는 모습을 좋아해.

그리고 마지막으로 조안나는 '가족들이 그를 받아들일까?'를 궁금해했습니다. 가족들이 당신의 남자친구를 받아들일 수도, 그렇지 않을 수도 있습니다. 하지만 대부분 가족들은 당신의 감정을 인식할 것입니다. 그들이 받아들이지 않더라도 그것은 어디까지나 당신의 삶이고, 또한 당신의 관계임을 잊지 말기를 바랍니다. 이 관계에서 허락이 필요한 단 한 사람이 있다면 당신 자신입니다. 다음의 긍정적인 확언을 따라해보세요.

나는 나의 관계를 허락한다.

우리의 모든 생각은 소중합니다. 누군가와 사귀는 동안 이런 방식으로 생각을 하다가 헤어진 후에 겪는 슬픔을 완전히 다른 방식으로 생각할 수는 없습니다. 누군가와 사귈 때 당신의 생각이 부정적이고 왜곡되어 있다면, 당신의 슬픔 역시도 부정적이고 왜곡되어 있을 것입니다. 당신이 관계가 악화할 거라고 믿으면 그런 부정적인 생각이 슬픔에도 스며듭니다. 이처럼 당신이 맺고 있는 관계와 그 관계가 끝난 후에 느끼게 될 감정을 하나의 연속된 개념으로 이해하는 것이 아주 중요합니다. 그러지 못하면 새로운 관계를 시작해도 자신이 만들어 놓은 패턴의 희생자가 되고 맙니다.

슬픔은 관계에 대한 당신의 근본적인 생각을 살펴볼 기회를 제공하는 창문입니다. 관계를 잘 슬퍼하면, 그다음의 관계도 잘 맺을 것입니다. 반면 좋지 못한 관계를 맺고 있다면, 어떻게 슬퍼하고 다음 관계를 어떻게 다룰지 당신의 생각을 바꿀 수 있는 또 다른 기회를 얻게 됩니다.

'나'를 잃어가면서 지켜야 할 관계라면

바네사는 자신이 한때 '이상형'이라고 생각했던 남자친구와의 관계를 생각하면 지금도 웃음을 참을 수 없습니다. 현재 이상형이 아닌 남자와 행복한 결혼생활을 하고 있는 그녀는 처음 깊이 사귀었던 남자친구와의 관계를 더 이상 고통 없이 미소를 지으며 사랑으로 기억할 수 있습니다.

스물일곱 살 무렵 파티에서 소아과 의사인 론을 처음 만났을 때 바네사는 기쁨을 주체하지 못할 만큼 행복했습니다. 바네사는 언젠가 자신의 가치를 알아봐줄 특별한 사람을 만나게 될 거라고 굳게 믿었고, 그 사람이 바로 론이라고 생각했습니다.

사귄 지 열 달 정도 지나 론이 자기 집에 들어와 함께 살자고 했을 때 바네사는 이제 때가 왔다고 예감했고, 자신이 무척 성장한 것처럼 느꼈습니다. '나는 의사와 결혼할 운명이었어'라는 느낌까지 들었습니다. 의사와 결혼을 한다는 게 어떤 것일지 궁금했고, 다른 의사의 아내들과 함께 커피숍에서 시간을 보내며 이미 의사의 아내가 된 듯한 기분을 만끽하기도 했습니다.

그러나 모든 것이 완벽하지는 않았습니다. 론은 약간 오만하고 자기중심적인 남자였습니다. 혼자 사는 남자의 공간처럼 물침대와 작은 바가 있는 침실도 바네사의 마음에 들지 않았습니다. 바네사는 침실을 다시 꾸미자고 했지만, 론은 단호하게 거절하며 자기 방이 마음에 든다고 했습니다. 물을 빼내고 새로 물을 채울 때를 제외하면 론은 10년 이상 써온 물침대를 아주 마음에 들어 했습니다. 물을 새로 갈고 난 첫날에만 침대가 차갑다며 바네사에게 투덜대곤 했죠. 바네사는 할 수 없이 침실을 바꾸는 계획은 당분간 잊어버리기로 했습니다. 언젠가는 침실을 다시 꾸밀 기회가 올 거라고 믿었으니까요.

그들은 사귄 지 1주년을 기념하기 위해 론이 가장 좋아하는 섬인 마우이로 여행을 떠났습니다. 그러나 그 여행을 떠나는 바네사의 마음에는 두려움이라는 불청객이 자리 잡고 있었습니다. 바네사는 과거에 다른 여자들과 함께 그 섬에 온 적이 있었는지 론에게 물었고, 그는 "응. 여긴 내가 가장 좋아하는 섬이니까. 난 늘 여자친구들과 여길 왔었어. 물론 당신을 만나기 전 혼자였을 때는 이 섬에서 만난 여자와 사귄 적도 있어"라고 대답했습니다.

그의 솔직함에 바네사는 더욱 불안한 생각에 휩싸였습니다.

'나 역시 그에게 스쳐 지나가는 여자에 불과한 건 아닐까? 론이 나와 함께 오지 않았다면 여기서 자신과 함께 지낼 만한 다른 여자를 찾았을까? 론이 나와 결혼하기는 할까?'

바네사의 불안한 마음은 결국 자기 존재의 의미에 대한 질문으로 이어졌습니다.

'내가 그에게 진짜 중요한 사람일까? 그는 날 사랑할까?'

그녀의 모든 불안한 생각은 다음과 같이 요약될 수 있습니다.

'난 투명인간이야. 나는 론과 사귈 자격이 없어. 누구라도 날 대신할 수 있을 거야.'

당신이 만약 바네사처럼 부정적인 생각에 초점을 맞춘다면 삶은 더 나빠질 뿐입니다. 반면에 긍정적인 생각에 초점을 맞춘다면, 당신의 삶은 더 나아질 겁니다. 론이 거만한 사람일지도 모릅니다. 하지만 부정적인 생각에 빠져서 자신을 비하하는 바네사를 론은 어떻게 생각했을까요?

그녀는 자신이 사랑스럽지도 않고, 무가치할 뿐만 아니라 심지어 투명인간 같다고 생각하고 있었습니다. 그런 바네사를 론이 사랑할 수 있었을까요? 바네사가 스스로를 충분히 가치 있는 존재로 여기지 않는데, 어떻게 론이 바네사를 가치 있는 사람으로 사랑할 수 있을까요?

여행에서 돌아왔을 때 론은 이전과 같은 생활로 돌아가길 바랐지만, 바네사의 불안함은 시도 때도 없이 그녀를 괴롭혔습니다. 실제로 그녀의 불안은 걷잡을 수 없이 커졌고, 론에게 해서는 안 될 질문을 하고 말았습니다.

"당신 집에서 다른 여자와 살았던 적 있어? 그 여자들이 먼저 헤어지자고 한 거야, 아니면 당신이 먼저 헤어지자고 한 거야?"

그녀는 초점을 관계의 지속이 아닌 관계의 종말에 맞추고 있었습니다. 그녀는 슬픔에 잠긴 채 자신의 인생을 살지 못하고 있었습니다. 마침내 론은 바네사를 안심시키는 것이 무의미하다는 것을 깨닫고 이별을 선언했습니다.

"바네사, 이 집에서 나가는 게 좋겠어."

그녀의 부정적인 확언이 자신이 가장 두려워하던 결과를 가져온 것입니다. 바네사는 론에게 마음을 바꾸라고 애원했지만, 그는 결정을 뒤집지 않았습니다. 그녀는 분노에 휩싸인 채 그의 집에서 짐을 챙겨 나왔습니다. 그리고 자신의 불안한 마음이 맞았다고 생각했습니다. 론에게 자신은 그저 또 한 명의 여자친구였을 뿐 그 이상은 아니었다고 생각하게 된 겁니다.

며칠 동안 바네사는 깊은 슬픔에 빠져 있었습니다. 론과의 관계 깊숙하게 자리 잡고 있던 그녀의 모든 생각과 불안감이 이별 후의 슬픔을 형성하는 데 큰 역할을 했습니다. 격분한 상태에서 론의 집에서 짐을 빼서 오랜 친구인 이본느의 집으로 들어갈 때까지 바네사는 부정적인 생각만 되뇌었습니다. 며칠 뒤 이본느가 바네사에게 말했습니다.

"나는 왜 론이 너와 헤어지려고 했는지 이해할 수 있을 것 같아. 너조차 너와 함께하고 싶어 하지 않잖아! 너에게는 자아존중감이 없어. 너는 항상 그가 널 보는 방식으로 자신을 묘사해. 넌 네 자신이 누군지 알기는 하니?"

하지만 그 순간 바네사에게는 이본느의 충고가 들리지 않았습니다. 여전히 부정적인 확언에 갇힌 바네사는 론이 자신을 그리워하게 만들겠노라 다짐했습니다. 바네사는 아직 론의 집 열쇠를 가지고 있었고, 론이 물침대의 물을 새로 넣을 때면 침대가 차갑다고 불평했던 것을 기억했습니다. 바네사는 론이 집을 비운 사이에 몰래 그의 집에 들어가 침대의 물을 새로 갈아 넣었습니다. 그리고 그날 밤 론이 외롭고 추운 나머지 다시 자신이 돌아오길 간절히 바랄 거라고 생각했습니다.

다음 날 아침 론이 밤새 자신을 미치도록 그리워했을 거라고 생각하며 바네사는 전화기 옆에서 그의 전화를 기다렸습니다. 하지만 저녁이 다 되도록 론에게서 아무런 연락이 없자 그녀는 충격에 빠져 그에게 전화를 걸었습니다. 바네사가 어떻게 지내는지 묻자, 론이 대답했습니다.

"좋아." 짜증이 난 바네사가 재차 물었습니다.

"잠은 잘 잤어?"

"응."

론은 너무나 편안한 목소리로 대답했고 바네사는 전화를 끊었습니다. 바네사는 자신이 느끼고 있는 상실의 고통을 그 역시 느끼기를 원했지만 소용이 없었습니다. 그녀는 론이 외로움을 느끼게 하려고 자신이 들인 노력에 대해 곰곰이 생각해보았습니다. 바네사가 자신이 무슨 짓을 했는지 털어놓자, 이본느는 차분하게 말했습니다.

"바네사, 너의 부정적인 생각 때문에 네가 무슨 짓을 했는지 생각해봐. 너는 론이 너를 그리워하게 만들려고 음모를 꾸미고 있어. 하지만 핵심은 그 상황에서 넌 보이지 않는다는 거야. 론이 너의 어떤 면이 좋아서 널 그리워해야 한다고 생각해? 너의 웃음, 너의 미소, 너의 훌륭한 스타일 감각은 다 어디로 간 거야? 따뜻하고 밝은 네 모습은 완전히 사라져버렸어. 넌 자기 자신을 투명인간으로 만들어놓고는 론이 널 보지 않는다고 불안해하고 그를 비난했잖아. 이제 너는 헤어진 남자친구가 자신을 그리워하게 만들기 위해 물침대에서 물을 뺀 정신 나간 여자일 뿐이야. 아무도 너에 대해 생각하거나 네가 얼마나 특별한지 생각하지 않을 거야. 네가 스스로 그렇게 생각하기 전까지는."

이본느의 말은 바네사의 마음에 울림을 주었고, 바네사는 처음으로 자신의 부정적인 생각을 되돌아보았습니다. 물침대에서 물을 빼낸 자신의 행동이 우스꽝스럽다는 것은 알았지만, 그 모든 실타래를 하나로 엮어 생각해보지 못했던 것입니다.

마침내 그녀는 슬픔을 드러내고, 그것을 느끼며, 자기 자신의 모습을 마주하게 되었습니다. 그리고 스스로 자신의 삶을 위해 나설 때까지 아무도 자기 자신을 대신할 수 없음을 깨달았습니다. 그 후 바네사는 의사의 아내 또는 다른 누군가의 아내로서 자신의 운명을 바라보는 대신에 자신이 어떤 사람인지를 생각했습니다. 그리고는 자선단체에서 봉사활동을 하고, 남자친구가 좋아하는 것이 아니라 자신이 가장 좋아하는 장소를 찾아다니기 시작했습니다. 바네사는 자기 자신의 삶을 다른 사람의 벽을 타고 올라가는 포도나무가 아닌, 자양분이 필요한 씨앗으로 보기 시작했습니다. 누군가와 관계를 맺으면서 상대방만을 바라보면 실질적으로 공들여야 할 대상, 즉 자기 자신에게 집중할 수 없다는 것을 깨달았습니다.

그 후 바네사는 자기 자신에게 충실한 삶을 살았습니다. 그리고 행크라는 이름의 남자를 만나기 시작했습니다. 그는 그녀를 있는 그대로 사랑해주었습니다. 물침대 사건은 이따금 파티에서 재미삼아 이야기하는 추억이 되었습니다. 그녀는 종종 이렇게 이야기하곤 했습니다.

"당신이 만약 부정적인 생각을 한다면, 결국 다른 사람의 물침대에서 물을 빼면서 하루 다 보내게 될 수도 있어요. 하지만 좋은 생각을 하면 결국에는 행복해집니다. 꿀잠도 잘 수 있고요!"

'내 안이 너로 가득 차니, 나는 얼마나 공허한가'라는 말이 있습니다. 우리가 집중해야 할 유일한 사람은 바로 자기 자신입니다. 이것은 '내적 작업'입니다.

결국 바네사는 론에게 자신과 같은 고통을 주고자 그런 행동을 한 것이 아님을 깨달았습니다. 론의 곁에 있으면서 느꼈던 '버림받음'에 대한 두려움이 그녀가 그런 행동을 한 이유였습니다. 그러나 무엇보다 중요한 것은 그녀가 자기 자신을 내버리는 행동을 학습하고 있었다는 사실입니다.

바네사는 슬픔을 기꺼이 인정하고 받아들일 때 비로소 버림받았다는 느낌을 면밀하게 들여다보고, 이해와 사랑으로 그 슬픔을 궁극적으로 치유할 방법을 찾을 수 있음을 깨달았습니다. 이것이 바로 슬퍼한다는 것의 진정한 의미입니다.

관계를 다른 시각으로 보기 시작하면 비로소 관계에 흐름이 있음을 인식할 수 있습니다. 평생 지속하는 관계가 있는가 하면, 어떤 관계는 몇 년, 또 어떤 관계는 몇 달간 지속되기도 합니다. 그러나 얼마나 오래된 관계인지와 상관없이 이별은 개인적으로 슬퍼할 시간을 가질 가치가 있습니다.

이별 후 충분히 슬픔을 느낄 시간을 갖는 것은 당신의 내면에 있는 건전한 자신의 모습은 물론이고 건전하지 않은 자신의 모습까지 이해할 기회를 줍니다. 어떤 사람들은 그 시간 동안 자신이 부정적인 확언을 되풀이한다는 것을 깨닫고는 깜짝 놀라기도 합니다. 하지만 그와 동시에 진정한 사랑과 치유를 위한 통찰을 얻기도 합니다.

어떻게 관계를 슬퍼하는지 살펴보면 그 관계에서 자신이 어떻게 행동했는지 인식하게 될 것입니다. 그리고 부정적인 확언을 하는 자신을 발견할 때 비로소 그것을 미래의 삶과 사랑을 새롭게 만들어줄 긍정 확언으로 바꿀 수 있습니다.

잘못된 만남이 가져다준 완벽한 선물

많은 사람들은 이런 관계는 틀어졌고, 저런 관계는 시간 낭비였다고 생각하면서 그 관계를 위해 보낸 몇 달 혹은 몇 년의 시간을 결코 되돌릴 수 없는 어떤 것으로 여깁니다. 그러나 진실은 우리가 일주일을 만나든, 한 달을 사귀든, 또는 10년을 그 사람과 함께 지내든, 모든 관계는 우리 한 사람 한 사람에게 유일하게 주어진 경험이라는 것입니다. 그리고 어떻게 생각하는냐에 따라 그 관계는 뜻밖의 선물을 안겨주기도 합니다.

마리사는 서른 살이 될 때까지 독신으로 살고 있었습니다. 그녀에게는 지독하게 버림받았다는 느낌을 받았던 두 번의 쓰라린 연애 경험이 있었지만 어떻게든 상처를 극복하고 새로운 사람을 만나고 싶었습니다. 그래서 인기 있는 온라인 데이팅 서비스에 가입하여 자신에게 관심을 보이거나 메시지를 보낸 사람이 있는지, 그 사람이 누구인지를 매일매일 확인했습니다.

그 무렵 업무와 관련된 회의에 참석하기 위해 출장을 갔다가 돌아오는 비행기에서 옆좌석에 앉은 남자가 눈에 들어왔습니다.

그는 정중하게 자신을 소개했습니다. "윌이라고 합니다."

"마리사라고 해요." 마리사도 자신을 소개한 후, 한 시간 동안 두 사람은 대화에 깊이 빠져들었습니다. 비행기가 공항에 도착할 무렵 윌이 먼저 데이트를 신청했습니다.

"혹시, 저녁식사 함께 할래요? 그러면 정말 기쁠 것 같은데요." 마리사는 그의 활력 넘치는 모습에 무척 마음이 끌렸고, 흔쾌히 그의 데이트 신청을 받아들였습니다.

"내일 밤 어때요?" 윌은 그 자리에서 바로 약속 시간과 레스토랑까지 정했고, 그의 그런 태도가 마리사는 아주 마음에 들었습니다. 다음 날 두 사람은 함께 저녁을 먹으며 마치 오래된 친구처럼 이야기를 나누었습니다.

"내일 저녁에 두 번째 데이트를 하는 건 어때요?"

첫 데이트가 끝날 무렵 윌이 물었고, 마리사는 '좋아요'라고 대답했습니다. 두 번째 데이트 후에도 윌은 다음 날 저녁에 다시 만나자고 했고, 두 사람은 거의 매일 저녁 시간을 함께 보냈습니다.

마리사는 윌에게서 친밀감을 느꼈고, 두 사람은 대화도 잘 통했고, 물론 섹스도 근사했습니다. 그녀는 이 사람이야말로 바로 자신이 오랫동안 기다려온 바로 '그 남자'라는 기분이 들었습니다. 그리고 목요일 밤에 마리사는 주말을 함께 보낼 생각을 하며 윌에게 물었습니다.

"주말에는 보통 뭘 하나요?"

"이번 주말에는 내가 이사진들을 대접하는 자리가 있어요. 하지만 일요일 밤늦게 돌아올 거예요." 윌이 대답했습니다.

마리사가 다시 물었습니다. "장소가 어디에요? 나도 함께 가서 당신이 일하는 동안 나는 스파를 하면서 쉬고 싶은데, 그곳에 그럴 만한 곳이 있을까요?"

그러자 윌이 난처한 듯 대답했습니다. "이 일은 아주 힘들어요. 저녁식사 약속이 계속 잡혀 있어서 당신 얼굴을 볼 시간도 없을 거예요."

마리사는 서운한 마음이 들었지만, 애써 감정을 드러내지 않았습니다. 적어도 밤에는 함께 보낼 수 있다고 말하고 싶었지만, 그건 너무 앞서 나가는 것 같은 생각이 들었습니다.

"출장에서 돌아와서 월요일 아침에 전화할게요. 그때 계획을 잡도록 해요."

윌이 마리사를 달래듯 말했습니다. 마리사는 금세 하늘을 날아오르는 것 같은 기분이 들었습니다. 윌 말고는 아무것도 생각할 수 없을 정도였죠. 그녀는 즉시 데이팅 서비스에서 탈퇴했고, 토요일 밤에 친구들을 만나 저녁을 함께 하면서 윌의 이야기를 꺼냈습니다. 하지만 친구들의 반응은 예상 밖이었습니다.

"너무 서두르는 거 아니야? 아직은 그 남자에 대해 잘 모르잖아."

"매일 밤 그를 만나는 건 아닌 것 같아. 너무 쉽게 보여선 안 돼. 남자들은 쫓아다니는 걸 좋아하니까."

하지만 마리사는 친구들의 이야기를 들으면서 가만히 미소를 지었습니다. 앞으로 자신에게는 근사한 일만 일어날 거라고 믿었으니까요.

월요일 아침에 마리사는 전화기를 손에서 놓지 못한 채 윌의 전화를 기다렸습니다. 그녀가 거의 지쳐가던 무렵에 마침내 윌에게 전화가 왔습니다. 두 사람은 당장 그날 저녁에 함께 식사를 하기로 했습니다. 그제서야 마리사는 한시름 내려놓을 수 있었습니다.

그들은 다시 한 번 멋진 저녁 시간을 보냈고, 마리사는 지금껏 경험해보지 못했던 사랑과 충만함을 느꼈습니다. 그들은 한 주 내내 밤마다 데이트를 즐겼습니다. 하지만 목요일 밤이 되자 윌은 또다시 주말에 출장을 가야 한다며 "주말에 연달아 이사진 대접이 있는 건 매우 드문 일이지만, 봄에는 그럴 때가 있어요"라고 말했습니다.

또다시 월요일 아침에 마리사는 전화기를 붙들고 윌의 전화를 기다렸습니다. 정오가 다 되도록 전화가 없자 마리사가 직접 연락을 해봤지만 윌은 전화를 받지 않았습니다. 오후에 다시 전화를 걸어 메시지까지 남겼지만, 그에게서는 아무런 답장이 없었습니다. 점점 걱정이 앞서기 시작했지만 마리사는 애써 마음을 안정시켰습니다. 화요일에도 연락이 없자 그녀는 덜컥 겁이 나기 시작했고, 걷잡을 수 없는 불안감이 덮쳐왔습니다.

'윌에게 무슨 일이 생긴 걸까? 아무 일 없겠지? 혹시 휴대전화를 분실한 건가?'

그러나 또 한편으로는 윌에게 무슨 일이 생겼거나 휴대전화를 잃어버린 거라면 누군가에게 빌려서라도 자신에게 전화를 했을 거라는 생각도 들었습니다. 마리사는 정말 참을 수가 없었습니다. 목요일 밤 그녀는 친구들과 술을 마셨고, 그들은 하나같이 그녀의 성급함을 나무랐습니다.

"그 남자 집에는 가봤어?"

"아니, 그가 늘 우리집으로 왔지. 하지만 조만간 자기 집에 데려간다고 했어." 마리사가 대답했습니다.

"유부남은 늘 여자 집 앞으로 데리러 오지. 잘 생각해봐. 그는 주말에 가족과 함께 지내야 하니까 너한테 올 수 없는 거야. 사실상 너와 갈 집이 없으니까 주말마다 사라져야만 했던 거지."

"너한테 끌렸을 수도 있지만, 그 사람은 유부남일지도 몰라. 그래서 결국에는 너와 끝낼 수밖에 없었을 거야."

윌을 의심하는 친구들의 모습에 마리사는 "윌은 유부남이 아니야"라며 반박했지만, 불안한 마음은 더 커져갔습니다. 친구들에게서 아무런 위로도 받지 못한 채 마리사는 윌의 연락을 기다렸지만, 어떤 연락도 메시지도 없었습니다.

그다음 주에도 윌에게서 아무 연락이 없자, 마침내 마리사의 분노는 남자들을 향한 증오심으로 바뀌어버렸습니다. '윌에게 전화가 오겠지'라는 믿음은 '이제 절대 윌에게서 전화가 오지 않을 거야'라는 배신감으로 빠르게 바뀌었습니다. 그리고 마침내 윌이 유부남이라는 결론에 도달했습니다. 그러다가 자신의 감정을 의심하기 시작했고, 어느 순간 진심으로 속았다고 느꼈습니다.

마리사는 윌의 미스터리에 사로잡혀 윌에게 무슨 일이 일어났으며 그가 왜 그런 짓을 했는지에 집착하게 되어버렸습니다. '그에게 가족이 있었던 걸까? 도대체 어떤 사람이기에 이런 짓을 하지?' 마리사는 그에 대해 생각할수록 점점 더 불행해졌고, 버림받은 기분은 더 커졌습니다. 그녀는 우울증과 괴로움으로 집에 틀어박혀 있었습니다. 그토록 심하게 외로움을 느낀 적은 없었습니다.

하지만 몇 주가 더 지나자 '내가 왜 단 여덟 번 만난 남자 때문에 무려 한달이 넘도록 이토록 괴로워하고 있는 거지?'라는 생각이 들었습니다. 그녀는 윌과의 만남이 더 오래 계속되지 않은 게 차라리 잘된 일이라고 생각하며 신에게 감사했습니다. 그렇지 않았다면 회복하는 데 몇 년이 걸렸을지도 모를 일이니까요.

마리사는 데이팅 서비스에 재가입했고, 친구들은 기뻐하면서도 앞으로는 서두르지 말고 자기 자신으로 편하게 지내라고 격려해 주었습니다.

"나는 항상 남자들에게 버림받는다는 생각 때문에 괴로웠어. 너무 외로웠지. 하지만 더 이상 이렇게 살 수는 없어. 그냥 내가 느끼는 상실감과 나의 연애생활과는 아무런 관련이 없다는 걸 믿기로 했어. 바꿔야 하는 건 데이트 상대가 아니라 늘 버림을 받는다는 나의 생각이야. 이상하게 들리겠지만, 나는 윌이 나의 인연이라고 확신했기 때문에 그와의 만남에서 교훈을 얻을 수 있었어. 윌과 만나면서 나는 내가 어떤 행동을 하는지 비로소 알 수 있었어. 그리고 나 자신과 내 생각을 바꾸기 위해 오랫동안 부단히 노력했어." 마리사가 이야기했습니다.

마리사는 자신이 무의식적으로 어떤 내적 활동과 확언을 해왔는지 비로소 깨달았습니다.

'나는 윌과 함께 있을 때 온전해. 나를 온전하게 채워줄 누군가가 필요해. 나는 관계 안에 있을 때만 행복해.' 이처럼 자신에 대한 부정적인 이야기를 그녀는 매일 되뇌고 있었습니다. 하지만 이제 깊은 슬픔을 헤쳐나오면서 그녀는 다음과 같은 새로운 확언들로 이 모든 것에 맞섰습니다.

나는 나 자신을 위해 이곳에 존재해.
남자는 왔다가 떠날지도 모르지만,

나는 항상 나 자신을 사랑하고 응원할 거야.

우리는 실제로 윌에게 어떤 일이 있었는지 알지 못합니다. 그렇지만 그 역시 마리사와의 만남에서 교훈을 얻었을 거라고 확신합니다. 설사 윌 또한 상처를 입었다고 해도 그녀는 이렇게 말할 수 있습니다.

모든 것이 업보니까 나는 걱정하지 않을 거야.
그의 삶의 여정은 내가 알 바 아니야.

이상하게 들릴지 모르지만, 마리사는 윌과의 짧은 만남이 선물이라는 것을 깨달았습니다. 윌은 마리사가 '버림받았다'라는 감정을 해소하는 데 도움이 되는 완벽한 사람이었고, 우리가 알 수 없지만 그녀 역시 그에게 완벽한 사람이었을 겁니다.

우리는 마리사가 진짜 나쁜 놈을 만났던 것쯤으로 가볍게 치부해버릴 수도 있습니다. 모든 것을 알고, 모든 것을 사랑하며, 항상 우리를 치유로 이끄는 우주가 윌과 마리사를 만나게 한 분명한 이유가 있을 겁니다. 우주가 그저 아무 이유 없이 그녀에게 무작위로 경솔한 사람을 보내지는 않았을 겁니다. 그렇다면 그 이유는 뭘까요? 마리사의 삶을 비참하게 만들기 위해서일까요? 마리사는 자신의 부정적인 생각을 극복하기 위해 그를 이용할 마음의 준비가 되어 있었습니다. 다시 말해, 마리사는 그 순간 '버림받음'의 문제에 더 깊이 파고들 준비가 되어 있었고, 여러 면에서 잘못된 윌은 그녀를 치유하기에 완벽한 남자였던 것입니다.

연인처럼 친밀한 관계에 있는 사람들은 일반적으로 비슷한 문제를 가지고 있습니다. 물론 반대의 경우도 있습니다. 사랑에 대해 고심하고 그 문제를 해결하려고 노력하는 사람일수록 사랑에 대해 문제가 많은 사람에게 끌립니다. 당신이 힘의 문제로 고생한다면, 반드시 같은 방식은 아니더라도 상대 역시 힘과 관련된 문제를 안고 있을 것입니다. 물론 때로는 모든 것이 그렇게 명확하지 않을 수도 있습니다.

한 남자가 자신의 나약함을 들킬까 두려워 연인을 쥐고 흔들려 한다면, 그의 연인은 오히려 자신의 강인함을 드러내게 될까 봐 순종할 수도 있습니다. 부부에게 동시에 중독의 문제가 있을 수 있지만, 보통 한 사람이 중독자일 경우 다른 한 사람은 지나치게 의존적인 사람이거나 혹은 구조자일 수 있습니다. 두 사람에게 공통된 문제가 있다면, 한 사람은 대담하고 두려움이 없어서 그것을 처리하고 다른 한 사람은 소심한 태도로 상대방의 결정에 거의 관여하지 않습니다. 매력이란 것이 그렇듯이, 나와는 다른 상대방의 모습에 끌리게 마련입니다. 어떤 관계에서든 팬케이크를 만드는 사람이 있으면, 그걸 먹는 사람도 있게 마련이죠.

다시 말해, 일반적으로 문제가 발생하면 한 명은 그 문제를 제기하며 해결하려 하고, 다른 한 명은 입 다물고 문제가 알아서 잘 해결되기를 원한다는 것입니다. 더 적극적인 사람이 상대방의 반응을 이끌어내려 하지만, 상대의 소극적인 태도 때문에 더 화를 내기도 합니다. 두 사람 모두 상대에게 문제가 있다고 생각합니다. 그러나 실제로 두 사람은 각자 그 순간, 그 관계에서 서로에게 완벽한 존재입니다.

당신을 치유할 수 있는 사람은 바로 당신 자신입니다

버림받았다는 감정 때문에 괴로워하는 사람이 있는가 하면, 어떤 이들은 상대방을 통제하려는 성향 때문에 문제에 직면합니다. 전자가 어린 시절에 사랑받지 못하고 버려졌다는 느낌을 받으며 자랐다면, 후자는 어린 시절에 지나친 통제 속에서 성장한 이들입니다. 그 결과 사랑받지 못한 이들은 애정에 굶주리고, 통제 속에 자란 이들은 냉담한 성격을 갖게 됩니다. 그런데 애정이 결핍된 사람과 냉담한 사람이 연인이 되는 것을 자주 보게 됩니다. 다소 극단적으로 들릴지 모르지만, 사실 우리 중 많은 사람은 약간 차가운 면과 애정에 굶주린 면이 동시에 존재합니다.

애정을 갈구하는 사람은 상대방이 떠나는 것을 두려워하는 반면 통제 문제를 가진 사람은 연인과의 관계에서 지나치게 통제받는 것을 두려워합니다. 우주가 마법처럼 이 두 사람을 이어주어 두 사람이 서로를 치유할 때, 애정 문제를 가진 사람은 궁극적으로 스스로 버림받았다는 느낌에서 벗어나는 법을 배우게 되고, 통제 문제를 가진 사람은 아무도 자신을 통제할 수 없다는 확신을 갖게 됩니다.

통제 문제를 가진 사람은 냉담해져서 뒷걸음질 치는 경우가 대부분인데, 그런 태도 때문에 상대방에게 버림받았다는 느낌을 갖게 합니다. 하지만 사실 그들은 사랑하는 사람을 버려두려는 게 아니라 통제받기를 거부하는 것일 뿐입니다. 그들은 단지 과거의 기억에 사로잡힌 채 과거에 의해서 통제받고 있을 뿐입니다. 상대방이 자신을 통제한다고 생각하며 상대방과 다투게 된다면 그 이유는 그들이 과거에 살기 때문이며, 파트너가 아닌 자기 자신의 과거로 인해 통제력을 잃은 것입니다. 이런 이들은 다음과 같은 긍정 확언을 이용하는 것이 도움이 됩니다.

아무도 나를 통제할 수 없어. 나의 주인은 바로 나 자신이야.
내가 통제받고 있다는 느낌이 들면, 나의 과거를 사랑과 함께 놓아주는 거야.
그러면 현재의 순간을 느낄 수 있어.

나는 내가 무엇을 원하든 자유로워.
선택은 항상 나의 몫이야.

통제 문제를 가진 사람들은 자신이 충분히 자유롭다는 사실을 인식하고 모든 경험에 원인과 결과가 존재함을 이해함으로써 치유될 수 있습니다. 자신을 통제하는 것은 상대방이 아님을 알아야 합니다. 이런 사람들은 누군가와 연인이 된다고 해도 그 관계가 더 발전하지 못하는 경우가 많습니다. 상대방이 자신에게서 우선순위를 기대하는 것이 부담스럽고, 그 결과 자기 자신도 상대방의 우선순위에서 밀려나게 되면서 기분 나쁜 감정을 느끼기 때문입니다.

이것은 버림받았다는 느낌을 갖고 있는 사람도 마찬가지입니다. 이런 사람들은 상처에서 비롯된 욕구로 상대방에게 애정을 갈구하게 되고, 이 때문에 상대방에게 지나치게 통제받는다는 생각을 갖게 합니다. 이런 이들이 애정 결핍 상태에 있다면 그들 역시 과거에서 사는 것입니다. 이런 이들에게 도움이 되는 긍정 확언은 다음과 같습니다.

나 자신 말고는 아무도 진정으로 나를 버릴 수 없어.
나는 항상 나 자신을 위해 여기에 존재해.
우주가 나를 사랑하고 나를 돌봐주고 있어.

냉담하거나 애정을 갈구하는 사람들 모두 우리가 흔히 볼 수 있는 원형입니다. 중요한 것은 모든 관계가 치유될 수 있도록 완벽하게 설계되어 있다는 것입니다.

이별 후에 슬픔에 잠겨 있는 시간 동안 치유되고 성장할 수도 있지만, 슬픔 속에 갇힌 채 그 안에서 벗어나지 못할 수도 있습니다. 이별 후에는 누구나 슬픔을 느낍니다. 하지만 잠시 시간을 내어 지금까지 배운 것에 대해 생각해보면 뜻밖의 선물이 당신을 기다리고 있을 것입니다.

준비가 되어 있을 때 사랑은 비로소 당신을 찾아옵니다

명상 분야를 공부한 후에 심리치료사로 일하고 있는 바버라에게는 대기업 영업부서에서 근무하고 있는 크레이그라는 남자친구가 있었습니다. 크레이그는 직장 이외에 부업으로 점술가로 일을 하곤 했습니다. 바버라는 별난 구석이 있는 크레이그가 마음에 들었고, 그가 다른 삶을 원한다는 것이 좋았습니다. 사실 크레이그는 사람들에게 물건을 파는 영업부서의 업무를 싫어해서 언젠가는 전업 점술가가 되기를 바랐습니다.

명상과 심리치료 분야에서 다양한 경험을 하며 영적으로든 현실적으로든 자유롭게 생활하는 바버라에 비해 매일 정시에 출근하고 퇴근하는 쳇바퀴 같은 삶이 크레이그에게는 따분하고 고리타분하게 느껴졌습니다. 그는 바버라와 같은 삶을 갈망했습니다. 반면에 바버라는 크레이그가 매달 월급을 받는 안정적인 직장에 다닌다는 사실이 무척 마음에 들었습니다.

하지만 크레이그는 자신의 삶에 만족하지 못했고, 자신의 단조로운 생활에서 벗어나 바버라와 같은 다채로운 삶으로 들어가기 위해 영적인 수행을 시작했습니다. 얼마 지나지 않아 크레이그는 회사가 자신의 생명을 빼앗아가고 있다고 믿고서 회사를 그만두고는 회사에서 제공해주는 차와 안정적인 월급을 포기했습니다. 모든 게 준비되었다고 생각한 크레이그는 점술가로 사업을 시작했고, 그 일로 생계를 꾸려나갈 생각이었습니다. 하지만 고객은 그를 찾아오지 않았습니다.

"어떻게 사업을 해나갈 생각이야?" 바버라가 물었습니다.

크레이그는 딱 떨어지는 답변을 내놓지 못했습니다. 그저 영적인 힘이 그에게 고객을 데려다준다면 나머지는 잘 알아서 굴러가리라고 생각할 뿐이었습니다. 크레이그는 물질적인 소유도 필요하지 않다고 생각했습니다. 차가 필요한 경우에는 바버라의 차를 이용할 수 있었으니까요. 하지만 바버라는 이제 크레이그의 생활비는 물론이고 그의 교통수단까지 책임지는 게 싫었습니다.

그러던 어느 날 크레이그가 "내년 말까지 돈을 못 벌 것 같아. 점괘가 그렇게 나왔어. 그때까지는 당신한테 돈을 빌려야 할 것 같아"라며 마치 미래를 꿰뚫어본 양 바버라에게 당당하게 선언했습니다. 그리고 신용카드 청구서가 도착했을 때 바버라의 인내심은 바닥을 쳤습니다. 그녀는 자신도 모르는 사이에 크레이그의 담뱃값까지 지불하고 있었습니다. 바버라는 이런 생활이 자신이 원하던 것이 아님을 깨달았습니다. 그리고는 그길로 나가 크레이그에게 1,200달러짜리 중고차를 사주며 말했습니다.

"이건 당신에게 주는 선물이야. 당신이 꿈을 이루기를 빌게."

마침내 바버라는 크레이그에게 이별을 선언했습니다. 크레이그는 마지못해 떠났습니다. 바버라는 스스로 그를 떠나보내놓고도 배신감과 버림받은 듯한 기분에 괴로워했습니다. 심리치료사였던 바버라는 관계 속에서 두 사람이 함께 성장해야 한다고 믿었습니다. 그런데 그들이 어떻게 멀어졌는지 도무지 이해할 수 없었습니다. 크레이그가 영적인 생활에 빠져들면서 자신이 경제적으로 이용당했다는 느낌마저 지울 수 없었습니다. 슬픔에 잠긴 그녀는 그와 더 일찍 헤어지지 못한 것에 몹시 화가 났습니다.

바버라는 크레이그와의 관계가 나쁜 방향으로 흘러가고 있다는 신호를 보았지만 무시했습니다. 크레이그의 영적인 수행을 방해하고 싶지 않았기 때문에 그에게 더 많은 자유를 허락했습니다. 헤어지고 나서야 바버라는 스스로 되뇌곤 했습니다.

"멍청한 것 같으니라고. 내가 얼마나 더 멍청해질 수 있는 거지?"

그녀는 자기 자신에게 비난을 퍼부었습니다.

그런 바바라의 모습을 보고 한 친구가 말했습니다.

"이제 그만 끝내, 바바라. 너는 삶과 관계에서 네 자신을 지나치게 무능하게 생각하고 있어."

바바라는 자신이 이상적으로 생각했던 누군가와 함께 성장한다는 생각이 반은 맞고 반은 틀렸다는 것을 깨달았습니다. 궁극적으로 사람들은 성장하지만, 함께일 수도 있고 아닐 수도 있습니다. 하지만 치료사이자 영적 수행을 하는 사람으로서 그녀는 성장이 서로의 더 높은 이익을 향하는 것이 아니라, 항상 서로를 향해 성장해야 한다고 잘못 이해하는 실수를 저질렀습니다. 바바라는 마침내 자신의 관계가 두려움에 의해 지배당했다는 사실을 인식할 수 있었습니다. 그녀는 크레이그와의 관계 속에서 언제나 혼자가 될지도 모른다는 두려움, 연인이 자신을 떠날지도 모른다는 두려움을 품고 있었습니다.

하지만 무언가가 잘못되었다거나 그가 잘못된 남자였다는 생각에서 빠져나오자, 새로운 교훈이 보이기 시작했습니다. 바바라는 자신의 잘못된 인식에서도 치유를 위한 가르침을 얻을 수 있다는 사실에 차츰 눈을 뜨기 시작했습니다. 그녀는 자신이 '원하는 것'을 얻는 것과 더 높은 목적을 위해 관계가 발전하도록 하는 것의 차이를 이해하고, 다음과 같은 확언에 따라 살기 시작했습니다.

사랑이 나의 모든 관계를 인도해.

나의 관계는 나의 최고의 이익을 향해 움직이고 있어.

나의 관계에서 모든 것은 다 잘될 거야.

나와 함께 있는 사람은 언제든 나에게 줄 선물이 있어.

몇 년 후 바버라와 크레이그는 페이스북에서 서로의 소식을 듣게 되었습니다. 그녀는 심리학 학위를 마치고 심리학자로서 자신의 상담소를 운영하고 있었습니다. 크레이그는 2012년에 종말이 오리라고 믿으면서 세상의 종말을 믿는 사람들에게 살아남는 방법에 대한 가르침을 주고 있었습니다. 그들이 함께했던 시간을 돌아보면서 바버라는 두 사람이 영원히 지속할 수 없는 관계였음을 분명하게 깨달을 수 있었습니다.

두 사람은 사귀는 과정에서 서로의 세계를 알게 되었고, 각자 자신의 운명을 향해 나아가기로 했습니다. 둘 중 아무도 실패한 사람은 없습니다. 우리 모두는 관계를 더 깊고 만족스럽게 만들기 위해 노력하지만, 모든 관계가 우리가 바라는 대로 흘러가지는 않습니다.

이별 후에 우리는 종종 새로운 사랑을 찾아 헤맵니다. 당신이 가르침을 받을 준비가 되었을 때 비로소 자신이 원하는 스승을 만날 수 있듯이, 다른 사람을 만날 준비가 되어 있을 때 당신 앞에 '누군가'가 나타날 것입니다.

끌리는 사람을 자기 인생의 중심에 둘 때 많은 사람이 힘겨워합니다. 그럴 때 상대방은 그들이 자신에게 로맨틱한 감정이 있다고 느끼거나 그냥 비위를 맞춘다고 생각할 뿐입니다. 그리고 어떤 경우에는 상대에게서 자신이 준 것과 같은 사랑을 받지 못하기도 합니다. 하지만 우리는 언제나 선택을 할 수 있다는 것을 기억하세요. 우리는 계속 그런 사랑을 추구할 수도 있고, 그들을 사랑과 함께 놓아줄 수도 있습니다.

헤어짐을 진정한 치유의 기회로 삼으세요

영화 속 주인공은 자기가 사랑하는 사람이 자신을 사랑하지 않을 때 결코 그 짝사랑을 포기하지 않고 상대의 사랑을 갈구합니다. 그리고 우여곡절 끝에 주인공의 짝사랑 상대는 주인공이 자신의 진정한 사랑이었음을 깨닫습니다. 하지만 현실에서 당신이 짝사랑하는 상대에게 고백을 한다면 대부분은 이렇게 말할 겁니다.
"고마워요. 하지만 당신은 내 타입이 아니에요."

당신이 그런 상황에 놓인다면 어떤 생각을 할까요? '지금은 그 사람이 날 원하지 않지만, 언젠가는 나의 진심을 알아줄 거야'라고 확신하거나 '그가 날 사랑하게 만들겠어. 언젠가 그는 내 사람이 될 거야'라고 다짐하나요? 동화 같은 생각에 빠져 현실을 외면하고 있지는 않나요? 그 순간 당신은 힘들고 슬퍼해야 합니다. 상대방이 자신을 사랑하지 않음에 실망하고 온전히 슬퍼한 다음, 그 사람과 완전히 끝낼 수 있는지 생각해보세요. 왜 당신을 원하지 않는 사람을 쫓아다니죠? 왜 그런 애정 욕구를 의식 속에 가져오고 싶은 겁니까? 자신을 사랑하지 않는 사람의 사랑을 갈구하는 대신 다음의 확언을 떠올려보세요.

나를 사랑하는 사람이 나를 향해 오고 있어.
나에게 맞는 사람은 내가 누군지 알 거야.
누구에게도 나를 사랑해달라고 설득할 필요는 없어.
언젠가 나에게 맞는 사람이 나타나 나를 사랑해줄 거야.

관계가 끝날 때 당신이 느끼는 슬픔은 종종 일이 잘 풀리지 않고 인생이 꼬였다는 오해의 감정을 불러일으킵니다. 물론 관계가 끝난 후에 느끼는 외로움은 큰 상처가 될 겁니다. 하지만 외로움에 집중하면 더 비참해질 뿐입니다. 현실을 인정하고 당신의 의식에 더 긍정적인 생각이 들어오게 하세요.

당신의 슬픔을 들여다보세요. 그리고 스스로에게 물어보세요. '모든 게 내 뜻대로 펼쳐지고 있다면 지금 내 기분은 어떨까?'

만약 여러분이 그 관계에서 비롯된 슬픔에서 자신을 분리할 수 있다면, 당신은 오래된 상처의 내밀한 곳에 닿을 수 있고, 마침내 그 상처를 제거할 수 있습니다. 슬픔 속에서 스스로 반복하는 '버림받음'과 관련된 문제를 발견할 수 있습니다. 그것은 아마 어렸을 때 부모로부터 거부당한 기억이나 첫사랑의 상처일 수 있습니다. 이런 내면의 상처를 치유한다고 해서 당신의 다음 관계가 반드시 옳을 것이라고 장담할 수는 없습니다. 그러나 어떤 관계도 실제로 잘못된 관계란 없음을 명확하게 이해할 수는 있습니다.

관계를 끝내는 것이 어렵게 생각된다면, 당신만 그런 것이 아니라는 사실을 기억하세요.우리는 관계를 시작하고 끝내는 방법을 알고 있지만, 관계를 완성하는 방법은 거의 배우지 않습니다.

모든 관계는 당신을 치유하기 위한 것입니다. 이별 이후에 찾아오는 슬픔은 당신의 상처를 치유하고 새롭게 출발할 수 있도록 문을 열어줍니다. 각각의 관계는 두려움과 분노에 맞설 기회를 주지만, 더 중요한 것은 진정한 치유와 사랑에 더 가까이 다가갈 기회를 준다는 것입니다.

궁극적으로 신비스럽고 놀라운 힘을 지닌 관계는 자기 자신뿐만 아니라 서로를 사랑하고 존중하라는 가르침을 줍니다. 그것이 우리가 바라던 오래도록 지속하는 정서적 애착을 끝내 만들어내지 못할 수도 있겠지만, 슬픔에 빠지고 나면 우리가 망가졌거나 불완전하지 않음을 상기시켜줌으로써 우리 자신을 치유할 수 있게 합니다. 사랑하는 관계에서 세상이 만들어놓은 잣대는 내려놓으세요. 누가 우리를 얼마나 오랫동안 사랑할지 궁금해하는 것에서도 벗어나세요. 우리는 이별을 초월하여, 오로지 우리를 위해, 우리보다 더 위대한 힘으로 창조된 마법적이고 신성한 사랑을 발견할 수 있습니다.

많은 경우 관계는 당신의 기대와는 다를 겁니다. 그 사람, 아니 그 관계 자체가 잘못되었다고 비판하기는 참 쉽습니다. '그건 시간 낭비였어'라고 중얼거릴 수도 있습니다. 하지만 우주에 낭비라는 것은 없습니다.

만약 우주가 당신에게 놀랍도록 다정하고 사랑스러운 사람을 보냈는데 당신의 의식이 준비되어 있지 않다면, 그때 그 사람은 당신에게 올바른 사람이라고 할 수 없습니다. 지금 당신 앞에 있는 사람과 관계는 당신의 치유를 위해 신성하게 설계되었습니다. 그 또는 그녀가 당신의 인생에서 그 시기에 적합한 사람이었음을 받아들일 때, 당신은 상상할 수 없는 방법으로 당신을 치유할 신성한 씨앗을 심게 될 것입니다.

우주는 나에게 완전한 가르침을 위해 완전한 사람들을 보내준다.
행복이 나의 운명이다.
모든 사람과 모든 상황이 나를 더 좋은 쪽으로 인도하고 있다.

진실한 사랑은 언제나 당신 안에 있습니다

누구나 한 번쯤 '자기애'라는 말을 들어보았을 겁니다. '자기애'란 당신의 가장 큰 사랑이 당신 안에 있다는 것을 의미합니다. 그래서 우리는 시간을 내어 자기애가 작동하는 방법과 이유를 분석해볼 필요가 있습니다.

이별 후에 느끼는 상실의 슬픔에 대해 이야기하면서 갑자기 자기 자신을 사랑해야 한다는 자기애에 대한 이야기를 꺼낸 이유가 궁금할 것입니다. 당신이 인정하고 존중해야 할 슬픔이나 외로움이 있긴 하지만, 그 너머에는 다른 사람이 남긴 빈자리보다 더 압도적으로 많은 공허함이 자리 잡고 있습니다. 그 고통은 종종 그 사람을 잃은 슬픔보다 더 많은 아픔을 맛보게 합니다. 그런 극도의 공허함은 다른 사람이 사라졌기 때문이 아니라 자기애의 부족에서 비롯되는 것입니다.

당신의 내면을 거대한 탱크라고 생각해보세요. 만약 당신의 탱크가 완전히 비어 있는데 누군가 다가와 따뜻한 애정과 부드러움으로 그 안을 꽉 채운다면, 당신은 놀라운 사랑의 감정을 느끼게 될 겁니다. 하지만 당신은 극심한 결핍을 느낄 수도 있습니다. 내면의 탱크는 사랑하는 사람과의 관계가 어떤 상태인지에 따라 가득 찰 수도 혹은 텅 비어버릴 수도 있기 때문입니다. 그리고 마침내 그 사람이 떠나고 나면 당신에게는 아무것도 남지 않게 되고, 그 공허함은 엄청난 고통으로 다가올 것입니다.

하지만 당신에게 사랑으로 가득 채워진 자신만의 탱크가 있다면 어떨까요? 누군가 그저 당신의 삶에 단순히 그들의 사랑을 약간만 더 얹는 정도라면 어떨까요? 그러면 당신의 관계가 얼마나 달라질까요? 슬픔은 당신이 얼마나 잘 견디고 있는지 기록하기 위해 자기 내면의 탱크 안에 만들어놓은 측정기에 불과합니다.

나오미는 싱글을 위한 이벤트에서 게리라는 정말 흥미로운 남자를 만났습니다. 두 사람은 3주 동안 여러 번 데이트를 즐겼고, 나

오미는 게리를 알아가는 게 즐거웠습니다. 하지만 게리와의 만남이 영원할 거라고 생각하지 않았습니다. 그보다는 게리와 함께하는 시간을 즐길 뿐이었습니다.

어느 날 두 사람은 영화관에 갔다가 우연히 나오미의 친구들을 만났고, 함께 클럽으로 가 즐거운 시간을 보냈습니다. 클럽에서 한 친구가 카메라폰을 꺼내더니 나오미에게 사진을 찍어달라고 했습니다. 친구의 사진을 찍어주고 나서 나오미도 자연스럽게 친구에게 게리와 함께 있는 사진을 찍어달라고 했습니다. 게리가 포즈를 취하면서 따뜻하게 나오미를 품에 안자 갑자기 그녀의 내면에서 엄청난 사랑의 감정이 폭발했습니다. 사진을 찍는 동안 나오미는 그의 품에서 온몸이 녹아내리는 듯한 감정을 느꼈습니다.

다음 날 아침 나오미는 지난 밤에 찍은 사진을 보며 그 순간에 느꼈던 사랑의 감정을 다시금 떠올렸습니다. 10년 전과는 달리 현재 자신의 인식이 얼마나 달라졌는지 가늠해보기 위해서였습니다. 10년 전이라면 나오미는 이렇게 말했을지도 모릅니다. "어젯밤처럼 사랑을 느껴본 적이 없어요. 게리는 놀라운 남자예요. 그 사람은 나의 인연이 틀림없어요."

하지만 나오미는 지난 10년 동안 영적인 수행을 해왔기 때문에 게리에게서 특별한 사랑을 느낀 게 아니었음을 알 수 있었습니다. 그는 이미 그녀 안에 자리하고 있던 사랑을 불러냈을 뿐입니다. 그녀에게 사랑의 감정을 불러일으킨 것은 게리의 포옹이 아니었습니다. 오히려 그녀 자신이 그 순간 깊은 사랑을 느끼겠다고 무의식적으로 결정을 내린 것이었습니다. 나오미는 머리로는 게리가 훌륭한 남자라는 건 알았지만, 3주 동안 만나온 느낌으로 그가 자신의 평생 사랑은 아니라는 것을 인정했습니다.

그들은 어떻게 되었을까요? 게리와 나오미는 계속 데이트를 했습니다. 그리고 나오미는 언제나 멋진 데이트였다고 말하곤 했지만, 과거에 남자친구를 만나면서 항상 빠지곤 했던 커다란 함정을 피했다는 것은 알 수 있었습니다. 과거의 그녀였다면 세상에서 가장 놀라운 남자를 만났다고 믿었을 것입니다. 오직 그에게서만 느낄 수 있는 특별한 사랑에 성급하게 매달렸을 수도 있습니다. 하지만 이제 그녀는 그런 감정이 진실이 아님을 잘 알고 있습니다.

두 사람의 이야기가 진부하게 들리나요? 하지만 어떤 사람도 당신의 원천이 아니며, 당신을 향한 진실한 사랑에 대한 열쇠를 거머쥘 수 없다는 점을 잊지 않길 바랍니다. 진실한 사랑은 언제나 당신 안에 있습니다. 그리고 의식적으로든 무의식적으로든 그 사랑을 받아들일 것인지를 결정하는 것은 바로 당신 자신입니다.

슬픔에 잠겨 당신의 사랑이 헤어진 연인과 함께 떠나버리고 가슴 속이 텅 비어버렸다는 생각을 가질 수 있습니다. 그러나 당신에게 다가왔던 그 사랑이 여전히 당신 안에 머물고 있으며, 다시 사랑이 다가올 그 순간을 위해 준비하고 기다리고 있음을 깨닫기를 바랍니다. 당신의 삶에 나타날 다음 사람이 그 사랑을 발견하지 못할 수도 있지만, 당신의 마음이 진정으로 열려 있다면 당신은 언제든 그 사랑을 경험할 수 있습니다.

내게 필요한 모든 사랑은 내 안에 있어.
다른 사람들은 나에게 이미 존재하는 깊은 사랑을 떠올리게 해.

실제로 해낼 때까지 그런 척하세요

당신의 마음은 종종 자신과 전쟁을 치릅니다. 당신의 마음은 주변 사람들과 상황을 이용해서 생생하게 내적인 투쟁을 벌입니다. 이때 슬픔은 당신이 과거를 되돌아보며 자신의 생각 패턴을 검토할 수 있게 해줍니다. 하지만 당신이 슬픔 때문에 과거로 돌아가 똑같은 방식을 되풀이한다면, 그것은 그저 고통스럽고 비생산적인 감정에 지나지 않습니다.

만약 당신에게 그 어떤 비난이나 비판도 하지 않고 잘못했던 점을 찾지 않으면서 객관적으로 과거를 들여다볼 용기가 있다면, 자기 생각이 어떻게 발생하고 그것이 무엇을 말하는지 볼 수 있을 겁니다. 당신의 행동을 구성하는 단서가 무엇인지도 찾을 수 있습니다. 슬픔은 관계가 어떻게 끝났는지 단순히 살펴보는 것에 만족하지 않고 애초에 그 관계를 맺게 된 이유를 이해할 기회가 되기도 합니다.

관찰자로서 자신의 과거를 들여다볼 용기를 낸 칼라의 이야기를 해볼까요? 적어도 칼라가 기억하는 한 그녀는 행복하지 않았습니다. 그녀는 나에게 "나는 태어날 때부터 행복하지 않았어요. 이유는 알 수 없지만 아주 어렸을 때부터 나는 결코 행복한 아이가 아니었어요"라고 말했습니다.

칼라는 살면서 항상 자신을 희생양처럼 느꼈고, 자신도 모르게 건전하지 못한 관계를 맺은 후에 헤어지고는 오랜 슬픔으로 괴로워하는 일을 반복했습니다. 한 예로 그녀가 스물여덟 살 때 만났던 남자친구 벤은 그녀의 남자친구로 불리는 것을 싫어했고, 결국 칼라는 벤과 헤어졌습니다.

칼라는 자신이 아름답다는 것을 알고 있었습니다. 큰 키에 운동도 잘하고 재미있고 똑똑할 뿐만 아니라 다양한 문화에 대한 관심도 있었습니다. 자신에 대한 부정적인 생각을 갖지 않았다면, 칼라는 자신이 '좋은 결혼 상대'라는 것을 알 수 있었을 겁니다. 그러나 벤을 만났을 때 그녀는 갑자기 자신이 '매력 없고, 사랑받을 자격도 없으며, 그와 어울리지 않는 사람'이라고 생각하게 되었습니다. 그리고는 자신은 절대 행복할 수도 없고, 사랑을 찾을 수도 없다고 믿기 시작했습니다. 그녀가 그렇게 생각한다면, 그 관계는 그냥 슬픔으로 끝나는 짧은 만남에 지나지 않을 것입니다.

칼라는 그 당시를 떠올리며 말했습니다. “나는 정말 상심했어요. 벤이 다른 여자를 만나고 있었고 결국 우리는 헤어질 수밖에 없었죠. 그런데 벤은 그녀를 진짜 ‘여자친구’라고 부르고, 나와는 결코 하고 싶어 하지 않던 일들도 그녀와는 기꺼이 하더군요.” 칼라는 삶이 자신은 실제로 자격이 없는 사람이라는 것을 보여주고 있다고 느꼈습니다. 그녀는 슬픔에 빠진 채 하루하루를 눈물로 보냈습니다. 도대체 어디서부터 잘못된 것인지 궁금해해며 그녀는 생각했습니다.

“나는 왜 하느님과 우주가 나를 계속 벌하고 있는지 묻고 싶었어요. ‘나에게는 남들처럼 사랑과 행복을 누릴 자격이 없다는 건가? 내가 뭐가 그렇게 달라?’ 나는 슬픔에 잠겼고, 부정적인 태도 때문에 직장에서도 하마터면 해고당할 뻔했죠.”

칼라는 누구나 인정할 만큼 매력적인 외모를 가지고 있었지만, 더 중요한 내면으로 들어가면 공허하기 그지없었고, 매사에 부정적이었으며, 언제나 결핍을 느꼈습니다. 칼라는 생각했습니다.

‘내가 벤이라도 나와 데이트하고 싶지 않을 거야. 이렇게 자존감도 낮고, 스스로를 사랑하지 않고, 자신감이 없는 사람과 함께 하고 싶은 사람이 어디 있겠어? 나도 나와 데이트하고 싶지 않은데, 다른 사람이라고 나를 좋아하겠어?’

칼라는 이제 자신이 어떤 사람이 되고 싶은지 깨달을 때가 되었다고 생각했습니다. 아니, 더 정확하게는 진짜 자신의 모습을 깨달아야 할 때가 되었음을 알았습니다. 그녀는 각각 다른 버전의 한 가지 확언을 발견했고, 매일 그 말을 하나씩 되뇌었습니다. 칼라는 스스로에게 이렇게 말하곤 했습니다.

나는 나 자신을 사랑해.
나는 나 자신을 용서해.
나는 과거의 모든 경험에서 완전히 벗어날 거야.
나는 자유로워.

그녀는 정말로 자신을 사랑하고 높은 자존감을 갖게 되기 전까지 우선 '그런 척'하기로 마음먹었습니다. 그러기 위해서 먼저 '사랑받는 사람'과 같은 행동을 일부러 선택해서 실행에 옮겼습니다. 그것이 부정적인 과거의 생각에 빠져 있는 것보다 더 낫다는 것도 이해하게 되었습니다. 실제로 이것은 알코올 중독자들의 모임에서 흔히 하는 말과 비슷합니다.

'행동 방식을 새롭게 바꾸겠다고 생각하는 것보다 새로운 사고방식을 먼저 행동에 옮기는 게 더 쉽다.'

자기 내면에 있는 멋진 스스로의 모습을 전적으로 믿지 못했던 칼라에게 이 말은 더없이 가슴에 와 닿았습니다.

칼라가 자기 자신의 부정적인 생각을 깨닫고 그것을 좀 더 긍정적인 생각으로 바꿔나갈 무렵, 그녀의 마음에 특별히 기억에 남는 두 번의 순간이 있었습니다. 첫 번째 순간은 칼라가 데이트할 때였는데, 그녀는 속으로 자신에게 이렇게 물었습니다.

'이 상황에서 자신감 있는 '나'라면 무슨 말을 할까?'

칼라는 그 생각이 무척 쉽게 떠올랐다는 사실에 놀랐습니다. 그런 칼라의 모습을 보며 그녀의 데이트 상대가 불쑥 말했습니다.

"당신은 정말 놀랍도록 자신감이 넘치는군요!"

그녀는 그 순간을 떠올리며 말했습니다.

"그 순간에 그냥 떠오른 생각이었어요. 나 자신을 속이는 생각이었지만, 그 안에 약간의 진실이 담겨 있었어요."

스물아홉 살의 칼라는 예전에는 미처 알지도 못했던 자신감의 단계에 도달했습니다. 그녀는 그런 척하는 것과 실제로 해내는 것 사이의 미세한 경계를 넘어섰다는 것조차 의식하지 못했지만 무언가 변화가 일어나고 있다는 것만큼은 느낄 수 있었습니다. 칼라는 '실제로 해낼 때까지 그런 척하라'는 말이 감정을 속이는 것이라고만 생각했습니다. 그 말이 자신의 마음과 몸과 정신이 이미 자기 안에 있는 믿음에 완전히 다가갈 때까지 그저 무엇인가 하라는 의미임을 깨닫지 못했던 것입니다. 하지만 그 사실을 깨달으면서 칼라는 자기 내면의 진실과 조화를 이루도록 몸과 마음을 조절하고 있음을 알 수 있었습니다.

두 번째 순간은 새해 전날 직후에 일어났습니다. 칼라는 새해 결심을 여행을 가거나 하고 싶었던 일들을 하는 것이 아니라 자신이 원하는 사람이 되는 것으로 정했습니다. 그녀는 '자신감 있고 사랑스럽고 행복한 사람이 되고 싶다'라고 스스로 말했습니다.

칼라는 얼굴에 환한 미소를 띠고 거리를 걸어가면 다른 이들에게도 그 눈부신 미소가 번지게 하고 발걸음을 가볍게 만들어주는 존재로 자기 자신을 바라보았습니다.

데이트나 직업 혹은 친구와 같은 외부적 요인을 통해 검증받고자 했던 이전의 모든 시도는 항상 역효과를 낳았습니다. 이제 그녀는 그러한 것들을 먼저 자신의 안에서 찾아야 한다는 것을 이해하게 되었습니다. 그녀는 자신의 생각을 바꾸고 싶다고 느끼며 종이에 다음과 같이 썼습니다.

나는 나 자신을 사랑하고 인정해.
나는 그만한 가치가 있어.

칼라는 욕실 거울에 그 말을 적어 붙어놓고는 잠에서 깨어나면 가장 먼저 볼 수 있도록 했습니다. 그리고는 양치질하고 화장을 할 때 거울에 붙여놓은 확언을 끊임없이 반복했습니다. 그녀의 머리와 잠재의식 속에서 그 구절들이 계속 울려퍼졌습니다.

나는 나 자신을 사랑하고 인정해.
나는 그만한 가치가 있어.

칼라는 2012년 1월 1일에 이 행동을 시작했지만 얼마 후 더 이상 종이를 붙여놓을 필요가 없게 되었습니다. 온종일 머릿속에서 그 문장들이 자동으로 반복되었기 때문에 더는 볼 필요가 없었습니다. 1년 후 2013년 새해 첫날 그녀는 거울을 보고 웃으며 이렇게 말했습니다.

나는 너를 사랑해.
정말 정말 사랑해.

"정말로 진심이었어요. 태어나 처음으로 나는 거울을 보며 나 자신을 사랑하고 있다는 것을 알 수 있었어요. 평생 자기 혐오에 빠져 살던 사람에게 그건 정말 이루 형언할 수 없는 감정이었죠. 여전히 가야 할 길이 멀고, 나 자신과 다른 사람들에게 줄 더 많은 사랑이 필요하다는 것을 알고 있지만, 그렇더라도 나 자신을 사랑할 수 있고, 사랑하는 사람들을 더 많이 내 삶 속으로 끌어들일 수 있다는 느낌에 나는 깜짝 놀라곤 해요. 제 친구들이 작년에 그 변화를 눈치 챘는데, 내가 지금껏 본 중 가장 행복해 보인다고 말했어요." 그녀가 말했습니다.

최근 칼라는 친한 친구인 엘렌에게 자기의 집에 들어와 같이 살자고 제안했습니다. 칼라는 엘렌을 보며 몇 년 전의 자신의 모습을 떠올리곤 했습니다. 엘렌은 과거의 자신처럼 자기 의심과 자기 비판으로 꽉 차서 사랑과 행복의 원천을 항상 밖에서만 찾으려고 했습니다.

그녀는 엘렌이 스스로에게 얼마나 끔찍한 이야기를 하고 있는지 들어보라고 했고, 어떻게 자신의 부정적인 생각을 진짜 인생에 도움이 되는 긍정 확언으로 확 바꿔놓았는지 말해주었습니다.

엘렌은 "그래, 그래, 좋은 생각이야"라고 대답은 했지만, 건성이었고 실상은 아무것도 하지 않았습니다. 몇 달 후에도 끊임없이 자신을 책망하는 말을 쏟아내는 엘렌을 보며 칼라가 마지막으로 충고를 했지만, 결국 엘렌이 자신과 같은 단계를 밟을 수 없다는 것을 깨달았습니다. 엘렌은 방향을 잃은 것처럼 보였습니다. 그래서 칼라는 종이와 펜을 가져다가 긍정 확언을 적어 그녀에게 건넸습니다. 엘렌은 칼라가 적어 놓은 글귀를 보고 울기 시작했습니다.

"왜 울어?"

"왜냐하면 이 말은 사실이 아니니까. 나는 나 자신을 받아들이지 않아. 나는 나를 사랑하지 않아."

칼라가 웃으며 말했습니다.

"그래서 이 말을 확언이라고 부르는 거야. 진짜 그렇게 될 때까지 그런 척해보는 건 어때?"

칼라는 자신이 다른 사람에게 사랑을 줄 때 뭉글뭉글 피어오르는 감정 못지않게 자기 자신을 사랑하는 감정 역시 더없이 사랑스럽다는 것을 발견했고, 엘렌에게도 그것을 설명하려고 노력했습니다.

궁극적으로 칼라는 엘렌에게 더 많은 긍정적인 생각들을 제시하는 것이 자신의 강점이라는 것을 깨달았고, 자신의 진정한 힘은 직접 실행하고 다른 사람들을 위한 본보기를 만드는 것임을 알았습니다. 그리고 이제 진정으로 믿게 되었습니다.

'이제 다시 남자친구를 사귀게 된다면, 그 사람은 내 삶에서 근사한 선물이 되겠지만, 그가 내 삶을 좌우하지는 않을 거야.'

당신 자신을 사랑하세요, 무슨 일이 있어도

셸리는 빌과 4년 동안 함께했습니다. 그녀는 두 사람의 관계에 뭔가 문제가 있다고 생각했지만, 빌과 헤어지는 게 너무나 두려웠습니다. 그래서 항상 "빌과 헤어지면 나는 다시는 다른 사람을 못 만날 거야"라고 중얼거리곤 했습니다. 그렇게 빌의 사랑을 얻기 위해 최선의 노력을 다하는 동안 셸리에게는 종종 우울감과 좌절감이 밀려왔습니다. 그녀의 내면 한구석에서는 빌이 자신을 사랑하게 만드는 건 불가능하다고 생각하고 있었기 때문입니다. 셸리는 그에게 값비싼 선물을 사주는 것을 포함해 그의 사랑을 받기 위해 할 수 있는 모든 것을 했습니다. 그럼에도 그녀는 되돌아오는 게 아무것도 없다고 느꼈습니다. 정말로 빌이 자신을 사랑하지 않는다는 생각이 들었습니다.

그에게 어울리는 멋진 여자친구가 되기 위해 노력하다가 지쳐버린 어느 날 밤, 셸리는 절망감에 욕실 바닥에 주저앉아 눈물을 쏟아내고 말았습니다. 그녀는 생각했습니다.

'나는 그에게 충분하지 않아. 난 그냥 사랑받을 자격이 없어. 빌이 떠나면 난 영원히 혼자가 될 거야.'

셸리는 욕실 바닥에서 흐느끼는 순간에도 내면 어딘가에서 자신이 여전히 스스로를 솔직하게 대하고 있지 않다는 것을 알았습니다. 다시 일어서서 거울에 비친 자신의 얼굴과 대면했을 때, 그녀는 깊은 슬픔과 절망감을 보았고, 그녀의 마음은 스스로에 대한 성찰로 향했습니다. 그리고 거울에 비친 여자를 도와야 한다는 생각이 들었습니다. 그것은 셸리가 몇 년 만에 처음으로 스스로에 대해 품었던 친절하고 사랑스러운 생각이었고, 그제야 빌과 헤어질 용기를 낼 수 있었습니다.

빌과 헤어진 직후 셸리는 슬픔에 짓눌린 채 전보다 훨씬 더 깊은 절망에 빠졌습니다. 그래서 한 친구를 찾아갔고, 그 친구에게서 긍정 확언이 담긴 책 한 권을 받았습니다. 그 책을 한 페이지씩 읽어 내려가며 셸리의 눈시울이 뜨거워졌습니다. 그 책에 담긴 모든 문장들이 스스로 내뱉던 자신의 옹졸한 말들과 정반대였습니다. 그녀는 남자친구만 자신을 끔찍하게 대한 것이 아니라 자신도 스스로를 똑같이 대하고 있었음을 깨달았습니다. 셸리는 욕실 거울 앞으로 다시 돌아가 자신의 모습을 바라보며 말했습니다.

"나는 너를 사랑해."

처음에는 어색했지만, 그 행동이 옳게 느껴졌고 꾸준히 거울 속의 자신에게 사랑한다고 말해주었습니다. 셸리는 곧 더 많은 확언을 거울 앞에서 소리 내어 말했고 그럴수록 자신이 가지고 있던 예전의 사고방식과 거리를 두게 되었습니다. 셸리는 무슨 일이 있어도 자기 자신을 사랑한다는 것을 알게 되었고, 처음 3개월 동안 그녀는 주문처럼 다음의 문장을 되었습니다.

무슨 일이 있어도 나는 나를 사랑해.

이 말은 셸리에게 완벽했습니다. 왜냐하면 그녀의 마음이 그 말을 살짝 비틀어 "내가 너무 나이 들어가지 않으면 나를 사랑할 텐데" 또는 "내가 남자친구와의 관계를 잘 유지한다면 나를 사랑할 텐데"라고 말할 수 있다는 것을 알기 때문입니다. 하지만 "무슨 일이 있어도"라고 말하면서 모든 게 달라졌습니다. 스스로 사랑받고 사랑할 수 있다는 것을 알게 되었으니까요. 그녀는 이처럼 작고 사소해 보이는 내적 작업이 어떻게 그녀의 삶을 바꿀 수 있는지를 깨닫고는 놀랐습니다.

셸리는 나이가 들어 보이는 것에 대한 온갖 비판적인 말들을 떠올렸지만, 정작 자신이 젊다거나 어려 보인다는 말은 절대 입에 담지 않았습니다. 하지만 그 사실은 곧 지금 자신의 나이보다 더 젊었을 때가 나았다는 것을 인정하는 것일지도 모릅니다. 오히려 그녀는 내면의 비판으로부터 관심을 두지 않기 시작했고 다음과 같이 확언했습니다.

나의 영혼은 젊다.
나의 인생관은 언제나 활기가 넘친다.

어느 날 사람들이 셸리에게 그녀의 모습이 얼마나 아름답고 빛이 나는지 말해주기 시작했고, 그녀 역시 자신의 삶이 최근 훨씬 더 나아졌다는 것에 주목했습니다. 그녀는 자신에게서 아름답고 찬란한 빛을 느꼈습니다! 그러나 때때로 이런 변화 때문에 두려워지거나 의심이 들기 시작할 때면 다음과 같이 말했습니다.

무슨 일이 있어도 나는 나를 사랑해.
어떤 두려움 속에서도 나는 나를 사랑해.
나의 삶이 너무 좋다는 생각이 들어도 나는 나를 사랑해.

부정적인 자기 대화와 싸우는 것은 셸리에게 도전의 연속이었습니다. 하지만 그녀는 긍정적인 태도로 아침에 일어나 자신의 몸이 날씬하든 뚱뚱해 보이든 자기 자신을 멋진 존재로 인식하는 것이 얼마나 기분이 좋은지 알게 되었습니다. 그것은 그녀에게 엄청난 계시과 같았습니다. 셸리는 혼자 외출하더라도 온종일 반복하는 긍정 확언이 줄곧 자신과 함께 하기 때문에 외롭지 않다는 것을 깨달았습니다. 그리고 집과 차 안 곳곳에 다음과 같은 내용이 적힌 카드와 종이를 붙여두었습니다.

나의 삶은 아주 훌륭해.
나는 무슨 일이 있어도 항상 나의 삶에 감사해.
나는 삶을 사랑해. 그리고 삶은 나를 사랑해.

결국 셸리는 빌과의 이별이 자신에게 도움이 되었음을 알게 되었습니다. 그녀가 혼자 있을 때 다른 사람이 줄 수 있는 것보다 훨씬 더 훌륭한 것을 발견했기 때문입니다. 다름 아닌 자기 사랑이었습니다.

자기 사랑과 자기 가치를 키우는 가장 빠른 방법 가운데 하나는 미러 워크(Mirror Work)를 이용하는 것입니다.

미러 워크의 방법은 다음과 같습니다. 작은 거울을 들고 자신을 바라봅니다. 거울 속의 자신의 모습을 보며 거부감이 느껴진다면, 그것은 자신이 사랑스럽지 않다고 느끼는 내면의 한 부분에서 나오는 감정임을 명심하십시오. 어쨌든 거울을 응시하고 스스로에게 다음과 같이 말하세요.

나는 너를 사랑해.
나는 너에게 항상 잘해줄 거야.
나는 있는 그대로의 너를 사랑하고 받아들여.

매일 아침 일어날 때와 매일 저녁 잠자리에 들기 전에 이 말을 연습하면서 스스로에게 선물을 주세요. 하루종일 거울 앞을 지나칠 때마다 크게 소리를 내든 조용히 속삭이든 긍정적인 말을 할 것이라고 자기 자신과 약속하세요.

모든 것은 당신의 생각에서 시작됩니다

당신의 세상이 테니스 경기장이고, 당신이 상대방과 테니스를 치고 있다고 상상해보세요. 당신은 오로지 당신의 생각과 행동과 의도만을 통제할 수 있습니다. 다른 선수의 행동과 생각을 당신이 통제할 수는 없습니다. 수차례 다른 사람과 관계를 맺고 그 과정에서 슬픔을 겪으면서 당신은 상대방의 행동을 전략화하고 통제하여 관리하려고 할 수 있습니다.

그럴 때는 당신은 스스로 통제할 수 있도록 자신의 생각, 말, 행동을 테니스 코트로 가져와야 합니다. 당신의 행동 그리고 우주가 어떻게 반응하는지에 초점을 맞추어야 합니다. 모든 것은 당신의 생각에서 시작됩니다.

긍정 확언은 당신이 긍정적인 생각을 유지할 수 있도록 도와줍니다. 이별 후나 관계가 서서히 끝나간다고 생각될 무렵에는 더욱 당신의 생각에 집중하세요. 아마 '내가 그 사람과의 관계를 좀 더 편안하게 만들 수도 있었는데' 아니면 '그가 나에게 잘해주지 않았지만, 사람은 누구나 실수를 하잖아'라는 생각이 들 수도 있을 겁니다.

'그를 있는 그대로 받아들이고, 그대로 지내야지'라며 더 사랑스럽고 영적인 생각을 할 수도 있습니다. 하지만 그 생각이 항상 당신에게 도움이 되는 것은 아닙니다. 그가 진짜 자기 모습을 보여주었을 때, 그가 당신의 삶에 사랑과 빛과 기쁨을 가져다주었나요? 아니면 그저 잠깐의 열병 후에 수많은 비참한 감정을 안겨주었나요?

당신의 마음은 내면의 빈자리를 채워줄 무언가가 필요하다고 생각하기 때문에 종종 나쁜 관계를 유지하라고 말하기도 합니다. 만약 당신의 생각이 에너지라면, 당신은 어떤 종류의 에너지를 끌어당기고 있나요? 그리고 누가 그 에너지를 책임지고 있나요? 관계가 끝났을 때 상대방에게 집착하는 것은 너무나 쉽습니다. 그런 사람들은 끊임없이 '그 사람도 나에 대해 생각하고 있을까? 그 사람도 나를 그리워할까? 그 사람도 나처럼 관계를 분석하고 있을까?'라는 생각에 얽매여 있습니다.

이런 모든 생각은 당신이 여전히 과거에 머물고 있음을 보여줍니다. 다시 말해 당신의 생각은 발생하지 않았던 과거에 묶여 있는 것입니다. 당신의 생각과 에너지를 현재로 되돌려보세요. 당신의 테니스 코트로 돌아오십시오. 당신의 생각이 모두 다른 사람에 관한 것이라면, 누가 당신의 삶을 관리하겠습니까? 누가 당신을 돌보고 있나요?

당신이 전남편, 전처, 혹은 전 애인에게서 바랐던 것은 아마도 사랑과 보살핌을 받는 것이었을 겁니다. 하지만 당신이 얼마나 자기 자신을 사랑하지 않는지, 스스로에게 얼마나 인색하게 굴었는지 생각해보십시오. 당신이 강박적으로 누군가를 생각한다는 것은 마치 그 사람이 집세도 내지 않고 당신의 의식 속에서 공간을 차지하고 있는 것과 같습니다.

편안한 마음으로 연민을 가지고 과거의 관계를 되돌아볼 때 당신이 얼마나 가치 없는 것에 만족했는지, 어떻게 자신과 맞지 않는 사람과 관계를 맺으며 살았는지 생각해보세요. 갑자기 부끄러운 마음에 "하지만 그 사람과 나는 잘 맞았어요"라고 말할 수도 있겠죠. 한때 그것이 사실이었더라도 여기에 상심한 채 앉아 있는 당신에게 그것은 더 이상 사실이 아닙니다. 앞으로 계속 나아가면서 생각을 더 높은 곳으로 끌어올리세요. 관계를 통해 얻은 깨달음의 경험에 대해 우주에 감사하십시오. 그것은 당신을 치유해주고 자신이 진정 누구인지를 상기하는 데 도움이 됩니다.

♦ ♦ ♦

당신의 마음을 긍정적인 새로운 생각들로 채워보세요. '그 사람이 누군가를 만날 준비가 되어 있지 않았을 뿐이야'라고 말하는 대신에 다음과 같이 말해보세요.

나는 새로운 사람을 만나길 기대하고 있어.

그가 당신과 헤어지려고 한 이유를 알아내려고 애쓰는 대신 이렇게 생각해보세요.

나는 나와 함께 있고 싶은 사람들을 끌어당길 거야.

우주가 당신을 시험하고 있음을 기억하세요. 당신과 함께하고 싶은지 아닌지 분명한 태도를 보이지 않는 사람들 몇 명을 당신에게 보낼 수도 있습니다. 그런 경우에도 당신 마음속에 있는 확언이 흔들리지 않도록 해야 합니다.

나는 나와 함께 있고 싶은 사람들을 끌어당길 거야.

슬픔에 잠겨 있을 때 더 분명하게 자신의 자존감을 세울 수 있습니다. 슬픔 속에 있을 때 자기 대화가 더 분명해지고 관심이 필요한 부분이 어딘지 알 수 있습니다. 이처럼 슬픔의 시간은 오래된 부정적인 생각을 치유하는 강력한 시간이 될 수 있습니다.

예를 들어 레스토랑에 가서 참치 샌드위치를 주문했는데 서빙을 하는 직원이 베이컨 치즈버거를 가져왔다고 생각해봅시다. 자존감이 높은 사람이라면 "이 버거가 맛있어 보이긴 하지만 나는 주문하지 않았어요. 나는 참치를 주문했습니다"라고 말할 겁니다. 당신이 주문한 샌드위치만이 당신에게 기쁨을 가져다주고 기분 좋게 만들어주기 때문입니다. 반면에 자존감이 낮은 사람은 주문하지 않은 음식을 받고도 말을 하는 게 두려워 그냥 가져다준 버거를 먹을 겁니다.

관계에서도 마찬가지입니다. 당신이 어떤 사람이고 무엇을 원하는지 진정으로 반영하지 않는 관계를 왜 받아들겠습니까? 당신에게 중요한 다른 누군가가 당신에게 기쁨을 가져다주지 않았다면 다시는 그런 관계를 주문하지 마세요. 그리고 이 장의 마지막 부분에 있는 치유 연습을 해보기 바랍니다.

자신의 과거를 떠올리며 지금 이 순간 자신이 누구이며 자신이 원하는 것이 무엇인지 생각해보세요. 때로는 스스로 옳다거나 옳지 않다고 느끼는 것이 자신이 관계에서 원하는 것과 원하지 않는 것을 정확하게 알려주기도 합니다. 당신을 위해 시간을 내지 못하는 연인과 함께 있으면 기분이 좋지 않았을 수 있습니다. 상대방이 생각보다 더 사교적이어서 주말마다 집을 비우는 것이 기분이 좋지 않았을 수도 있겠지요. 혹은 세상일에 관심이 많은 사람이라면 세상 돌아가는 일에 그다지 신경 쓰지 않는 사람과 함께 있는 것이 기분이 좋지 않았을 것입니다.

뒤로 물러나서 더 큰 그림을 보고 모든 관계가 치유를 위한 것임을 이해하십시오. 관계에서 치유를 받지 못하면 모든 것이 슬프고 무의미해지며, 그 공허함으로 인해 당신까지도 황폐해지고 말 것입니다. 하지만 지금 당신 옆에 있는 사람이 당신을 다음 단계로 끌어올리기 위해 당신의 삶에 들어왔다는 것을 이해한다면, 항상 당신에게 도움을 주고 있는 이 우주에서 살고 있다는 것을 이해할 것입니다. 치유를 받으려면 다음의 확언을 반복해보세요.

나의 과거의 관계는 완전하고, 나는 치유를 받아들인다.

이 밖에도 다음의 확언들은 당신이 다음 단계를 향해 성장하는데 도움을 줄 것입니다.

나는 만족스럽고 재미있는 관계를 맺을 거야.
만족스럽지 않은 관계가 나에게 오면,
나는 그것들을 다시 우주로 날려 보낼 거야.

관계의 상실을 슬퍼하고 자신을 치유할 방법을 찾을 때, 당신은 비로소 자신이 진정으로 바라던 사람이 될 수 있다는 것을 알게 될 것입니다. 슬픔은 성장을 촉발하고 우주로부터 더 큰 선물을 받을 수 있는 새로운 토양을 만들어줍니다.

관계를 맺고 이별을 하는 과정에서 얻는 중요한 교훈 중 하나는 가지고 있지 않은 것을 줄 수 없다는 것입니다. 자신이 사랑스럽지 않다고 믿으면 사랑을 받을 수 없습니다. 성장이 내적 활동인 이유가 바로 여기에 있습니다. 가장 멋지고 근사한 사랑이 당신의 삶에 찾아올 수 있지만, 스스로를 무가치하다고 생각하는 사람은 그 사랑을 받아들일 수 없습니다. 그건 항상 다른 사람의 몫이라고 생각할 수 있지만 궁극적으로 사랑을 주고받을 수 있는 능력은 전적으로 당신 안에 있습니다.

이 장을 읽으면서 관계에서 당신이 품고 있던 생각의 패턴을 보기 시작했기를 바랍니다. 과거가 잘못되었다고 판단하는 대신 그 관계가 새로운 출발점으로 당신을 인도했다는 점을 이해하십시오. 사랑하는 동안 잘못된 사람은 없습니다. 완벽한 선생님만이 있을 뿐입니다. 관계가 무너지고 있다면, 유일한 방법은 자신을 돌보는 것뿐입니다. 자기 자신을 보듬고 사랑하십시오.

다음 장에서 우리는 또 다른 형태의 관계 상실, 즉 이혼으로 끝나는 결혼을 살펴보고 치유의 여정을 계속해나갈 것입니다.

관계에서 상처받은 이들을 위한 치유 수업

관계에서 얻은 모든 좋은 것의 목록을 작성해보세요. 가령 사랑, 친밀감, 집에서 손수 요리해준 식사 등 상대방에게서 받은 것들을 적어보세요. 그리고 당신의 목록에 최소한 다섯 가지의 항목이 있는지 확인하세요.

이제 받고 싶었지만 받지 못한 것을 모두 적으세요. 가령, 이해, 칭찬, 격려를 받지 못했을 수 있습니다. 이 목록에도 최소한 다섯 가지의 항목이 있는지 확인하세요.

두 가지 목록을 모두 작성했으면 첫 번째 목록을 검토하고 해당 목록을 당신이 갖습니다. 그런 다음 두 번째 목록을 가져와 그 항목을 전남편, 전처, 전 애인에게 영적으로 보내주세요. 예를 들어 만족스러운 성생활을 목록에 적었다면, 전 상대방이 앞으로는 만족스러운 성생활을 하길 빌어주세요.

과거에 함께했던 상대방이 떠오르면 그에게 사랑을 보내고 그가 잘 되길 빌어주세요. 당신의 마음이 테니스 코트에서 그가 있는 쪽으로 다가가 그 당시 관계에서 그의 역할에 대해 생각하고 있다면, 당신은 잘못된 쪽에 있다는 사실을 떠올리고, "나는 그 관계에서 나의 역할을 사랑스럽게 치유하고 있어"라고 말해보세요.

당신의 전남편이나 전 애인이 계속 그의 삶을 영위해가고 있지만, 당신이 돌보는 것은 당신 자신의 삶이지 그의 삶이 아니라는 점을 기억하세요. 당신 자신과의 관계에 더 많은 것을 가져올 수 있는 곳에 주의를 기울이세요. 전남편이나 전 애인에 대한 잘못된 생각에 에너지를 쏟지 말고, 친구나 가족과의 관계에 더 많은 사랑과 연민을 가져오는 것은 어떤가요? 다음의 확언을 반복해서 말해보세요.

오늘 나는 나의 삶과 내가 만난 모든 사람에게
사랑을 가져다줄 거야.

Chapter 3

기억하세요,
이혼의 목적은
당신의 행복입니다.

이혼도 성공적인 결혼의 과정이 될 수 있습니다

결혼이 영원히 지속되지 않으면 실패했다고 생각하는 사람들이 있습니다. 많은 이들이 '죽음이 우리를 갈라놓을 때까지' 지속되는 결혼만이 성공적이고 완전한 결혼이라고 믿습니다. 하지만 얼마나 오래 함께 살았는지와 관계없이 두 사람이 이루고자 했던 것을 달성했다면 그 결혼생활은 곧 성공적이며 치유되었다고 할 수 있습니다. 그 결혼이 더는 필요하지 않게 되었다면 그것은 완전하며 성공적입니다. 물론 결혼이 이혼으로 끝날 때 성공이라고 부르는 것은 상식에서 벗어난 급진적인 말이라는 것을 알고 있습니다.

인생의 진리 중 하나는 '더 나은' 관계로 변화한다고 해서 행복해지지는 않는다는 것입니다. 보통 부부가 서로를 변화시킬 수 없는 현실에 직면했을 때 결혼생활을 끝내게 됩니다. 결혼생활을 지속하기 위해 배우자를 바꿔보려고 노력했을지 모르지만, 그것이 전혀 효과가 없었다는 사실을 깨닫고는 이혼을 결심하게 됩니다.

이런 사실을 안다면 "아내가 변하지 않으면 어떡하죠?"라고 묻지 않을 겁니다. 그 대신 "아내가 바뀔 사람이 아니라면 어떻게 해야 할까요? 이혼할 수밖에 없다면요?"라고 물을 겁니다. 인생을 살아가는 동안 자신이 진정으로 누구인지 알고 싶다면, 당신의 배우자 역시 그렇게 할 수 있도록 허락해줘야 하지 않을까요? 그것이 결혼이 끝남을 의미한다고 해도 말입니다.

당신이 이혼했다면 스스로에게 다음과 같은 질문을 던져봐야 합니다.

'혹시 어렸을 적 누군가 규정해준 방식대로 상대방을 사랑했던 것은 아닐까? 나의 부모님은 자주 싸웠었나? 그들이 이혼했었나? 나의 결혼생활은 진심으로 내가 원하던 사랑의 방식이었나?'

만약 당신이 사랑을 고통스럽고 복잡하게 여기고 일종의 권력투쟁으로 인식하거나 때로 잔인하다고 생각한다면, 그 이유를 생각해보는 것이 중요합니다.

사람들은 자라면서 경험한 것을 바탕으로 여러 가지 선택을 하게 되는데, 결혼 상대를 선택하는 것도 그중 하나입니다. 그렇다고 부모를 탓하는 것은 아닙니다. 일반적으로는 스물다섯 살이 넘으면 당신을 길러준 사람들에 대해 비난하는 것은 옳지 않습니다. 그럼에도 이혼 후에는 왜 결혼에 실패했는지, 무엇을 잘못했는지 등 그 원인을 분석하는 데 오랜 시간을 보내게 될 겁니다. 그렇게 과거를 돌아보다가 문득 옳든 그르든 자신이 자라는 동안 보았던 것들을 통해 사람들과의 관계는 물론이고 결혼을 지속하는 방법을 배웠다는 사실을 발견하고 깜짝 놀랄지도 모릅니다. 놀라운 점은 어려서 이상적이라고 생각했던 행동을 100퍼센트 정확히 실천하고 있다는 사실입니다. 하지만 당신은 이혼 후에 펼쳐질 자신의 새로운 운명과 현실을 선택할 힘이 있습니다. 지금까지 왜곡된 생각이 당신을 가두어두었다면, 생각을 바꾸는 것만으로도 당신은 새로운 현실을 만들어나갈 수 있습니다.

서른네 살의 변호사인 에이단은 결혼만 빼면 모든 면에서 매우 성공적인 삶을 살고 있었습니다. 그는 2년 전에 이혼한 이후로 전처와 친구처럼 지내고 있었지만 여전히 이혼을 받아들이지 못하고 있었습니다. 그래서 서로에게 친근감이나 다정함을 느낄 때면 "봤지? 내가 우리는 함께 있어야 한다고 말했잖아"라고 말하곤 했습니다.

그럴 때마다 그의 전처는 "왜 우리 결혼은 끝이 났고, 이제 우리는 단지 친구일 뿐이라는 것을 받아들일 수 없는 거지?"라며 에이단을 밀어내곤 했습니다.

에이단은 전처와 함께하는 행복한 순간을 재결합이 그들의 운명이라고 말해주는 신호로 해석하고는 자신의 바람이 이루어지지 않으면 좌절감을 느꼈습니다. 그는 이혼한 남자들의 모임에 나가 자신이 전처의 입장을 받아들이고 수용한다면, 두 사람의 관계는 아무 문제가 없고 곧 재결합도 가능할 거라고 말했습니다.

에이단의 말을 들은 모임의 리더가 물었습니다.

"그렇게 생각하면 당신 마음이 편안해지나요?"

"그렇기는 하지만 그런 상태가 오래가지는 않아요. 결국에는 항상 부정적인 생각에 빠지곤 하죠." 에이단이 대답했습니다.

모임의 리더가 지적했습니다. "전처의 입장을 인정하는 순간 당신은 또 '그녀가 돌아올까?'라고 생각하게 되죠. 그건 진실로 상대의 입장을 받아들이는 게 아니에요. 그것은 '내가 그녀의 입장을 인정하면 그녀는 나에게 돌아올 거야'라고 속삭여서 당신의 마음을 교묘히 조작하고 있는 겁니다."

에이단이 전처에게 하는 "우리는 함께 있어야 해"라는 말 속에는 사실 다음과 같은 부정적인 메시지가 담겨 있습니다.

- 지금 이대로는 괜찮지 않아.
- 내 아내는 바람직한 삶을 살고 있지 않아.

- 나는 바람직한 삶을 살고 있지 않아.
- 사랑이 잘못되었어.
- 일이 예상대로 풀리지 않고 있어.

말하자면 에이단은 자신의 상실을 인정하고 애도하고 있지 않았던 겁니다. 하지만 이혼을 받아들이지 않는 한 슬픔은 치유될 수 없습니다. 그의 부정적 생각은 자신에게 도움이 되지 않을 뿐만 아니라 슬픔을 겪는 과정에서 수용의 단계를 연장할 뿐입니다.

"사랑하는 사람이 나를 떠난 것보다는 사랑하는 사람의 죽음을 받아들이는 것이 더 쉽다"라는 말을 들을 때가 있습니다. 에이단이 바로 그런 대표적인 사례입니다. 사랑하는 사람이 죽었을 때는 그 사람이 이 세상에서 다시는 당신과 함께할 수 없다는 사실을 이해하는 순간 치유의 시점이 옵니다. 하지만 사랑하는 사람이 당신을 떠난 경우, 그 사람이 여전히 이 세상에 존재함에도 당신과 함께 있지 않기로 선택했다는 사실을 받아들이는 것은 더 어렵습니다. 그래서 당신의 왜곡된 생각은 '이렇게 끝내선 안 돼. 우리는 다시 함께할 수 있어'라고 말하죠. 이처럼 슬픔으로 인해 왜곡된 생각을 '타협(bargaining)' 또는 '마법적 사고(magical thinking)'라고 합니다. 여기서 '마법적 사고'란 자신의 생각이나 욕망이 외부 세계에 영향력을 미칠 수 있다는 일종의 주술적 사고방식을 의미합니다.

에이단과 그의 전처는 언젠가 재결합을 할 수도 있을 겁니다. 미래가 어떻게 될지는 아무도 모르는 일이니까요. 그러나 우리는 에이단이 아내와 이혼했다는 현실을 받아들이기 전에는 결코 치유될 수 없다는 사실을 알고 있습니다. 오로지 현실을 수용할 때 그는 슬픔 속에서 치유를 찾을 수 있습니다. 그가 스스로에게 건넬 수 있는 몇 가지 긍정 확언은 다음과 같습니다.

우주는 나의 이혼을 포함해서 모든 것을 옳은 방향으로 이끌어줄 거야.
모든 것이 예정된 대로 펼쳐지고 있어.
이혼은 내가 사랑하고 사랑받는 능력과는 아무런 관계가 없어.
이혼 때문에 나의 미래가 바뀌지는 않아.
나의 인생에서 어떤 관계는 떠나지만 어떤 관계는 계속 지속될 거야.
나는 어떤 형태로든 사랑을 경험하는 데 마음이 열려 있어.

이혼은 치유의 또 다른 형식이 될 수 있습니다. 결혼이 끝났다고 해서 그것이 사랑할 능력까지 제한하거나 막을 수는 없습니다. 에이단은 이혼이라는 현실을 인정하지 않고 부정 확언과 부정적인 생각에 빠져 있었습니다. 그가 슬픔을 부정적으로 대할 때 그에게서 찾을 수 있는 것은 자신에 대한 비난과 죄책감 그리고 일이 잘못되었다는 믿음뿐입니다.

하지만 한동안 진심이 아닌 단지 '그러는 척'할 뿐이라도 에이단은 생각을 바꿔 자신의 영혼을 치유로 이끌어줄 긍정 확언을 되풀이할 수도 있습니다. 어쩌면 긍정적인 생각에 이르지 못한 채 그저 입으로만 긍정적인 말을 반복할지도 모릅니다. 그런 경우에도 "내 아내는 우리가 함께할 수 있다는 것을 이해하지 못해"라고 말하며 자기 생각과 싸우기보다는 다음과 같이 긍정적인 생각을 말해야 합니다.

나의 아내는 우리가 함께할 수 있다는 것을 이해하지 못해.
하지만 나는 그녀의 사랑을 보내고 그녀가 잘되기를 바랄 거야.
나는 우리가 여전히 결혼생활을 할 수 있다고 생각하지만, 우주에는 더 큰 지식이 있어.
나는 무슨 일이 일어날 수 있고, 또 일어날 수 없는지 알지 못해.
나는 나를 제한하는 신념을 사랑스럽게 놓아줄 거야.
우주는 항상 나를 좋은 쪽으로 움직이게 하고 있어.

에이단은 자신의 삶에 대한 명확한 그림을 가지고 있었습니다. 하지만 실제 그가 살아온 모습과 비교해 자신이 바라는 삶이 어떤 모습인지 현실 속에서 알아가야만 했습니다.

우리 모두는 자신의 삶에 대한 그림을 가지고 있습니다. 어떤 사람들은 그것을 기대라고 부르고, 또 어떤 사람들은 원래 그렇게 되어야만 할 일이라고 말합니다. 우리가 그것을 무엇이라고 부르든, 우리는 삶이 자신이 생각하던 그림과 기대에서 한참 벗어나 있다는 것을 인정해야만 합니다. "우리 모두에게는 플랜 A가 있지만, 인생은 실제로 플랜 B에 관한 것입니다"라는 말처럼 말입니다.

때때로 사람들은 이혼 후 새로운 삶으로 나아가려고 할 때 외부의 장애물에 부딪히게 됩니다. 이런 장애물은 종종 다른 사람, 사회 또는 종교적 신념에서 비롯된 것입니다.

간호사인 샤론은 가톨릭 병원의 신경과에서 서비스를 조정하는 업무를 담당하고 있었습니다. 병원에서는 매일 환자와 그 가족들을 위한 미사를 열었는데, 샤론도 종종 점심시간을 이용해 미사에 참석하곤 했습니다.

그녀와 남편인 폴은 22년차 부부였습니다. 그런데 어느 날 갑자기 폴이 이혼을 선언했습니다. 샤론은 강하게 이혼을 거부했습니다. 독실한 가톨릭 신자였던 샤론은 결코 이혼을 받아들일 수 없었고 서로의 차이를 해결해나갈 방법을 찾아보자고 제안했습니다. 그러나 그녀의 노력에도 불구하고 폴은 결국 이혼 절차를 밀고 나갔습니다.

샤론은 결혼생활을 유지해야 한다는 강한 의지를 가지고 판사에게 말했습니다.

"이건 잘못됐어요! 우리는 독실한 가톨릭 신자이고, 우리 두 사람의 문제는 해결해나가면 돼요."

하지만 폴은 샤론의 말에 반박했습니다.

"판사님, 아내가 처음 이혼에 반대했을 때 나는 함께 상담을 받기로 했습니다. 몇 달 동안 상담을 받았지만 유감스럽게도 우리 두 사람의 문제는 잘 해결되지 못했습니다. 우리에게는 타협 불가능한 차이가 존재합니다."

결국 두 사람의 이혼은 승인되었습니다. 이혼 후 1년이 지나도록 샤론은 여전히 자기 자신과 다른 사람들에게 "정말 일어나선 안 되는 일이었어. 신은 이혼을 인정하지 않아"라고 말하곤 했습니다.

종교를 떠나서 샤론이 계속해서 '이것은 잘못되었어. 그리고 정말 일어나선 안 되는 일이었어. 신은 이혼을 인정하지 않아'라는 생각을 가지고 부정적인 생각만을 되뇐다면 결코 치유될 수 없습니다. 그녀가 고려해야 할 몇 가지 확언은 다음과 같습니다.

신은 무엇이 최선인지 알고 계셔.

신은 나의 이혼을 잘 처리해주실 거야.

신은 나의 결혼, 그리고 나의 이혼을 축복하실 거야.

신은 오로지 사랑을 알고 있을 뿐입니다. 그러니 이혼을 했다고 해서 신이 당신을 비난하지 않는다는 사실을 기억하십시오. 신은 당신을 오직 사랑으로 바라봅니다. 그러니 다음과 같이 생각을 해 보면 어떨까요? 교회와 하느님이 당신이 결혼생활을 끝내는 데 문제가 있다고 믿더라도 당신은 아마도 수십 년은 더 살 것입니다. 그 세월이 어떻길 바라나요? 수십 년 동안 계속 불행하게 살기를 원하나요? 수십 년 동안 다른 사람을 비난하며 살길 바라나요? 수십 년 동안 죄책감 속에 살길 원하나요? 앞으로 어떤 삶을 살지는 당신의 선택에 달려 있습니다. 당신은 인생에서 '이혼'이라는 슬픈 시기를 겪을 수 있지만, 그 후 수십 년에 걸쳐 연민, 행복, 사랑으로 삶을 채워갈 수 있습니다.

샤론 역시 슬픔과 후회에 젖어 남은 인생을 살기로 선택할 수도 있고, 상실감을 충분히 느끼고 나서 새로운 인생이 펼쳐질 수 있다는 생각에 마음을 활짝 열 수도 있습니다. 현명하게 선택하고 오로지 긍정 확언과 긍정적인 생각을 지속하는 것이 무엇보다 중요합니다.

슬픔 속에서도 당신 자신을 사랑하세요

잔은 남편 게이브와 헤어진 후 첫 번째 어머니의 날을 맞으면서 감당하기 힘든 슬픔에 빠져 있었습니다. 게이브가 다른 여자에게 가버렸다는 사실은 잔을 더욱 슬프고 우울하게 했습니다. 잔은 자신이 완벽한 아내라고 생각했기 때문에 게이브가 그녀와 네 살 난 아들 코리에게 어떻게 이런 짓을 할 수 있는지 이해할 수가 없었습니다.

"나는 버림받은 기분이 들었고, 외로웠고, 나 자신이 무가치하게 느껴졌습니다." 그녀는 그날을 회상하며 이렇게 말했습니다.

설거지를 하는데 잔은 문득 남편이 기념일에 자신을 여왕처럼 대접해주던 모습이 떠올랐습니다. 그는 어머니의 날에 특별한 아침식사를 차려주었고, 선물과 특별한 외출로 어머니의 날을 기념해주었습니다. 하지만 지금 그녀는 코리와 함께 집에서 홀로 설거지를 하고 있을 뿐이었습니다. 슬픔으로 무너져내린 잔은 바닥에 쓰러져 울기 시작했습니다. 그녀는 스스로 생을 마감하고 이 모든 고통에서 벗어날 수 있는 방법을 찾았습니다. 그때 코리가 부엌으로 걸어 들어와서는 고사리 같은 작고 귀여운 손으로 그녀의 어깨를 부드럽게 어루만지며 물었습니다.

"엄마, 무슨 일 있어요?"

"더 이상은 이렇게 못 살겠구나, 코리." 슬픔을 주체하지 못한 채 잔이 대답했습니다.

"엄마, 괜찮아질 거예요." 코리가 부드럽게 말했습니다.

잔은 어린 코리를 바라보면서 방금 자신이 목숨을 끊어 아들을 혼자 남겨둘 생각을 했다는 사실을 깨닫고는 미안한 마음에 다시 눈물을 흘렸습니다. 그리고 고맙다는 말과 함께 어린 아들을 꼭 안아주었습니다.

"왜, 저죠? 제가 왜 이런 고통을 느껴야 하는지 알아내려면 하느님, 당신의 도움이 필요해요." 그날 밤 그녀는 자신을 인도해주길 간곡히 바라는 기도를 올리고 깊은 잠에 빠져들었습니다.

다음 날 그녀는 출근을 했습니다. 회사에서 그녀가 맡은 업무는 직원들의 능력 개발을 위한 프로그램을 검토하는 것이었습니다.

일을 하던 중에 그녀는 책상 위에서 직원 중 한 명이 자기 치유 워크숍에 참가 신청서를 제출한 것을 보았습니다. 잔은 그것을 집어 들고 혼자 중얼거렸습니다.

'나야말로 정말 치유가 필요해.'

그녀는 남편에 대한 슬픔뿐만 아니라 자신이 살아온 인생 전체를 치유할 필요가 있다고 생각하고는 치유 워크숍에 참가했습니다.

"처음 워크숍 장소에 갔을 때 나는 무엇을 기대해야 할지도 몰랐어요. 그 자리에 9명에서 10명 정도 되는 사람들이 와 있었는데, 나는 그냥 사람들을 관찰하면서 메모만 해야겠다고 생각했습니다. 하지만 일요일 오후에 워크숍이 끝날 무렵에는 부엌 바닥에 앉아 있었을 때보다 훨씬 기분이 좋아졌습니다. 나는 남편을 잃은 것을 슬퍼하고, 그에게 사랑을 전달함으로써 스스로를 치유하는 방법을 배웠습니다. 더 중요한 것은 나 자신에게 많은 사랑을 전하게 되었다는 사실이었어요."

그 후 잔은 다음과 같은 확언을 실천했습니다.

나는 슬픔 속에서 나의 비애를 느낄 거야.
내가 슬픔을 경험할 때, 슬픔은 나를 치유해줘.
슬픔 속에서도 나는 나를 사랑해.

몇 주 동안 확언을 반복하고 나서 잔은 진정한 행복을 느끼는 작은 순간들을 경험하기 시작했습니다. 슬픔이 사라진 것은 아니었지만, 이전에는 알지 못했던 따뜻함을 느꼈습니다. 그녀는 자신을 사랑하는 법을 배워야 할 필요성을 알지 못했습니다. 되도록 자신의 감정을 드러내지 않으며, 사적인 경계를 명확히 세워야 한다고 교육받았던 잔은 자신을 사랑하는 방법을 배운 적이 없었습니다.

"그날 이후로 나는 자아 발견을 향한 여정을 계속했습니다."

주말 워크숍 이후 그녀는 모든 일이 자신을 위해 일어나고 있다고 단언하기 시작했고, 진심으로 좋은 일만 생길 것이라고 믿었습니다. 집에 도착했을 때, 그녀는 집 안 구석구석에 긍정 확언을 붙였습니다. 첫 번째 확언은 아들 코리가 해준 말을 그대로 적었습니다.

괜찮아질 거예요, 엄마!

그리고 다른 긍정적인 말들도 적어서 붙여놓았습니다.

나는 나의 슬픔을 충분히 느낄 거야.
하지만 슬픔 속에 빠져 있지만은 않을 거야.
이 상황에서 벗어나면 좋은 일만 찾아올 거야.

잔은 우울한 생각이 들 때마다 마치 처음 보는 것처럼 자신이 붙여놓은 긍정 확언을 바라보았습니다. 그 확언을 응시하면서 몇 번이고 반복해서 말했습니다. 그 말들을 정말로 받아들이려고 노력한 겁니다. 침실 거울에는 다음과 같은 확언을 붙여놓았습니다.

나는 안전해.

욕실에도 붙여놓았습니다.

나는 너를 사랑하고 용서해.

이렇게 내면의 지혜에 접근하는 간단한 과정은 스스로 슬픔에 희생당하지 않고 오히려 슬픔에서 힘을 얻는 데 도움이 되었습니다. 잔은 코리에게도 자기만의 긍정 확언을 붙여보라고 말했습니다. 그리고 코리가 적은 긍정 확언을 함께 꾸미고 색칠하곤 했습니다. 코리는 태양이 비추는 그림을 많이 그렸고, 그것은 잔에게 다음과 같은 확신을 불러일으켰습니다.

태양은 항상 빛나고 있어.
그것은 항상 좋은 것을 밝혀주고 있어.

1년 후 잔은 지난 어머니의 날을 떠올리며 오직 전남편을 통해

서만 기쁨을 느낄 수 있다고 믿었던 것이 얼마나 어리석은 일이었는지 깨달았습니다.

"어머니의 날은 정말 멋진 내 아들이 만들어준 날이에요. 나는 아들에게 오늘이 우리의 특별한 날이며 코리의 엄마가 될 수 있어서 얼마나 기쁜지를 가르쳐줍니다. 그런 다음 우리는 나가서 축하하죠. 불과 1년 전만 해도 상상조차 할 수 없었던 일이지요."

이혼 전에는 잔의 아들이 너무 어렸기 때문에 어머니의 날은 남편이 잔에게 어머니가 된 것을 축하해주는 날이었습니다. 아마도 시간이 지나면 그날의 행사를 계획하는 사람은 남편에서 아들과 남편이 함께 준비하는 것으로 자연스럽게 바뀌었을 겁니다. 단지 이혼으로 그 과정이 조금 빨라진 것뿐입니다. 잔은 자신의 내면에서 어머니가 된 것을 축하하게 되었습니다. 어떻게 보면 어머니의 날은 더 순수해졌고, 남편이 그 자리에 있었는지 혹은 아이가 그날을 기념해주었는지와 상관없이 어머니가 되었음을 스스로 인정할 힘이 존재함을 깨닫게 되었습니다. 잔은 슬픔을 되돌아보면서 아무리 슬프더라도 항상 자신을 잃지 않으리라고 다짐했습니다.

내가 행복해야
행복을 전할 수 있습니다

슬픔을 치유하기 위해 최선의 노력을 함에도 불구하고 인생은 때때로 우리의 뒤통수를 칩니다.

밥과 마릴린은 결혼한 지 20년 된 40대 부부였습니다. 외향적인 성격의 밥은 항상 이런저런 행사에 참석하고, 자신이 할 수 있는 일이라면 뭐든 하는 성격이었습니다. 반면에 마릴린은 집에 있는 것만으로도 충분히 행복한 사람이었습니다. 밥과 어울려 다니며 이 사람 저 사람 만나는 것은 마릴린의 취향이 아니었고, 시간이 지나면서 두 사람은 각자의 생활은 독립적으로 하게 되었습니다. 잠자리에 들 때만 잠깐 얼굴을 보면서 짧게 일과를 나누는 정도의 사이가 된 거죠. 얼마 지나지 않아 그들은 서로에 대해 남편과 아내가 아니라 룸메이트라는 느낌을 갖게 되었습니다.

마릴린은 여전히 밥을 사랑했지만, 더 이상 결혼생활을 지속할 수 없다는 것을 깨달았습니다. 마릴린은 이혼을 원했지만 그것이 현실이 될까 봐 두려운 마음도 들었습니다. 밥은 마릴린과의 문제를 해결해나갈 수 있다고 생각했고, 마릴린 역시 부단히 노력했지만 소용이 없었습니다. 1년에 걸친 긴 대화의 과정을 거쳤지만, 두 사람은 결국 법원에 이혼 서류를 제출했습니다.

이혼 절차가 마무리된 후, 그들은 친구로 남았습니다. 하지만 슬픔에 잠긴 밥은 이른바 '마법적 사고'를 하게 되었습니다. 그리고 언젠가 다시 마릴린과 함께 살 수 있다는 생각에 매달렸습니다.

이혼을 하고 5년 정도 지났을 무렵 생각지도 못했던 일이 벌어졌습니다. 밥이 직장에서 심장마비를 일으킨 겁니다. 다행히 급히 병원으로 이송되어 목숨을 구했지만, 그가 깨어났을 때 멀쩡해 보이는 겉모습과는 달리 밥은 뇌 손상으로 인한 단기기억상실증이라는 진단을 받았습니다. 자신의 과거를 희미하게 기억하기는 했지만, 지난 몇 년간의 기억은 완전히 잃어버린 것입니다.

뇌 손상으로 이혼에 대한 기억을 완전히 잃어버린 밥은 여전히 마릴린과 부부라고 생각하고 있었습니다. 밥의 친구들은 시간이 지나면서 그의 기억이 돌아오기를 바랐습니다. 처음 몇 달 동안 마릴린은 기꺼이 그를 도와주었습니다. 밥에게 두 사람이 이혼한 사실을 몇 번이고 되풀이해서 말해줘야 하는 것은 마릴린에게 무엇보다 괴로운 일이었습니다. 밥이 점점 몸을 회복하면서 마릴린의 발길도 점차 뜸해지자 그는 그녀가 어디에 있었는지 물어보곤 했습니다.

마릴린도 '내가 정말 좋은 사람이라면, 우리가 부부인 듯이 다시 그의 집에 들어가 그를 돌봐 줄 텐데'라는 생각에 약간의 죄책감을 느끼기도 했습니다. 어떨 때는 밥에게 거짓말이라도 해서 그들이 아직도 함께 살고 있다고 믿게 해줘야겠다고 생각한 적도 있었습니다. 하지만 사실이 아닌 것을 사실인 척할 수는 없었습니다. 그렇다고 밥을 완전히 모른 척한 채 자신만의 행복을 찾을 수도 없었습니다. 마릴린은 이럴 수도 저럴 수도 없는 상황에 놓여 있다는 느낌에 점점 더 부정적인 생각에 빠져들었고, 그럴수록 훨씬 더 많은 불행을 만들어내고 있었습니다.

당신 생각은 어떤가요? 마릴린은 밥에게 거짓말을 하고 그에게 돌아갔어야 할까요? 이런 상황에서 무엇보다 중요한 것은 '나는 행복을 찾을 수 없어'와 같은 부정적인 마음가짐을 바꾸는 것입니다. 그대신 다음과 같이 긍정적인 생각으로 당신을 채워야 합니다.

어떤 상황에서도 나는 행복을 찾을 수 있어.

그와 재결합을 하든 그렇지 않든 나는 행복을 찾을 거야.

마릴린이 사랑스럽고 온전한 자아를 끌어낼 때 비로소 모든 사람에게 행복을 가져다줄 수 있는 상황이 펼쳐질 겁니다. 그녀는 이 방법을 실천하기로 마음먹었습니다. 의무감을 벗어던지고 스스로 행복을 찾아나서기 시작했습니다.

우선 자신이 기분이 좋을 때만 밥을 찾아갔습니다. 그러자 어느새 밥은 결혼에 관해 더 이상 묻지 않았습니다. 마릴린이 더 이상 밥의 질문에 불안해하는 기색이 없어서였는지 그 역시 굳이 답을 꼭 들을 필요는 없었던 모양입니다.

여전히 밥은 지난 몇 년간의 일을 많이 기억하지 못하지만 새로운 일상을 찾았습니다. 이혼 후 수차례 힘든 시기를 겪은 다음 마릴린이 안정을 찾았을 무렵 밥에게도 평화가 찾아온 것 같았습니다. 이제 그녀는 가끔씩 밥과 함께 보내는 시간이 얼마나 행복한지, 그리고 아직도 그들이 서로의 삶에 존재한다는 것이 얼마나 기쁜 일인지 이야기합니다.

배우자가 당신을 배신할지라도

결별이나 이혼에 대해 이야기할 때 반드시 언급해야 하는 것이 바로 배신입니다. 배신은 그 자체로도 받아들이기 어려운 일입니다. 그리고 배신을 당하는 것이 때때로 큰 성장의 기회가 된다는 사실은 더더욱 이해하기 어려울 수도 있습니다.

자신의 마음과 영혼을 준 사람, 즉 서로의 진짜 모습을 알고 있는 바로 그 사람이 당신을 배신했다는 생각만으로도 정말 끔찍한 일입니다. 당신에게 가장 중요한 사람, 당신과 가장 친밀한 자아를 함께한 사람이 당신을 외면하고 다른 사람과 더 소중한 시간을 만들어나갔습니다. 한 시간 혹은 하룻밤이었을 수도 있고, 아마 몇 달 또는 몇 년이었을 수도 있습니다.

이런 종류의 슬픔에 직면했을 때 사람들이 자주 언급하는 것은 상대방의 배신을 어떻게 알게 되었느냐 하는 것입니다. 그가 고백했나요, 아니면 얼떨결에 그냥 말이 나왔나요? 우연한 기회에 당신이 직접 사실을 발견했나요? 더 자세한 사실을 알아내려고 애쓸수록 상처가 더 곪는 경우가 많습니다. 그 사실이 당신에게 더 큰 상처를 줄 것이 분명하기 때문입니다.

배우자가 딱 한 번 배신했을 수도 있는데, 당신은 자신이 알아낸 세부적인 사실을 바탕으로 자꾸 마음속에서 배우자의 외도를 반복할 수도 있습니다. 마음속으로 남편을 의심하고 있었는지, 아니면 전혀 뜻밖의 일이었는지는 스스로에게 물어보기 힘든 질문이지요. 이런 경우에는 외도 사실을 알아내기 전으로 돌아가서 당신이 어디에 있었는지 되짚어볼 필요가 있습니다. 이런 과정은 이미 일이 벌어진 상황에서 자신이 어떻게 행동해야 하는지 파악하는 데도 도움이 될 수 있습니다.

어떻게 외도를 알게 되었느냐 하는 문제는 당신의 슬픔을 실질적으로 치유하는 데 그다지 중요하지 않을 수도 있습니다. 하지만 당신 생각에는 그것이 전혀 사소한 문제가 아닐 수도 있지요. 배신감에 극심한 슬픔을 겪고 있는 상황에서 자기 자신의 역할을 기대하지 마세요. 이런 종류의 슬픔을 겪은 사람들은 몇 달 또는 몇 년이 흐른 뒤에 그 당시를 되돌아보며 이렇게 얘기하곤 합니다. "한

번 지나가는 바람이길 바랐지만, 결국 어느 단계에서 우리 부부는 함께할 운명이 아니란 걸 알았던 것 같아요." 그러나 많은 사람이 이 개념과 씨름합니다. 바로 당신의 역할이라는 단어를 배신당한 사람을 비난하는 메시지로 이해하고 있기 때문입니다. 당신이 자신의 역할을 제대로 하지 못했기 때문에 배우자가 외도를 했다고 생각하는 겁니다. 우리는 아무도 배신당하지 않기를 바랍니다. 하지만 배신의 경험은 당신의 영혼이 성숙되는 기회가 될 수 있다고 말하고 싶습니다.

배신당한 사람이 가장 먼저 물어보는 것 중 하나가 "아직도 날 사랑해?"입니다. 어떻게 보면 이 질문은 당연한 것이지만 동시에 자기 자신에 대한 통렬한 비난일 수도 있습니다. 다시 말해 '내가 사랑받을 가치가 있어? 나는 당신에게 어떤 의미지? 진짜 나를 신경 써본 적 있어?'라며 자신에게 더욱 상처를 주는 것입니다. 사랑하는 사람의 행동이 반드시 당신을 사랑하는지 아닌지를 결정하는 것은 아니라는 사실은 받아들이기 힘듭니다.

서로에게 진정한 사랑의 순간이 있었다면 궁극적인 진리, 즉 '진심으로 사랑했다'는 것이 일반적인 영적 지혜입니다. 한때 사랑이 존재했고, 그 순간 그 사랑이 진짜였음을 안다면, 배신과 그로 인해 빚어진 모든 것은 결국 배경 속으로 사라질 것입니다. 수년이 흘러 헤어진 부부가 다시 만나게 되는 경우가 있습니다. 그런 경우 사람들은 사랑은 오래 남고, 그 밖에 모든 것은 희미해진다는 것을 깨닫게 됩니다.

아직 화가 나 있는 상태에서는 이러한 깨달음을 얻지 못할 수도 있습니다. 하지만 조금이라도 화가 풀렸다면, 그것을 분노의 일부라도 놓아주기 위한 초대장으로 받아들여보세요. 결국 당신의 분노로 상처를 입는 것은 전 배우자가 아니라 바로 당신입니다.

데이지와 클리프와 결혼한 지 5년 된 부부였습니다. 그들의 결혼생활에 우여곡절이 없었던 것은 아니었지만 대체로 행복했습니다. 데이지는 언젠가 두 사람의 성생활이 시들해진다면 그건 아마도 자신 때문일 거라고 생각했습니다. 자신이 언제까지나 성적으로 적극적일 수 없을 테니까요. 그리고 결혼한 커플의 대화를 머릿속에 그려보면서 언젠가는 "오늘 밤은 싫어, 여보. 나 두통이 있어"라고 말하는 자신의 모습을 상상해보기도 했습니다.

그러나 클리프가 "오늘 밤은 싫어, 자기야. 나 너무 지쳤어"라고 말했을 때 데이지는 약간 충격을 받았습니다. 물론 처음에는 대수롭지 않게 생각하고 넘어가려고 했습니다. 그런데 가만히 보니 그의 변명이 늘어가는 것 같았습니다. 등이 아프다거나 일 때문에 스트레스가 이만저만이 아니라는 등 클리프는 계속 핑계거리를 찾았습니다.

남편이 자신과의 잠자리를 일부러 피하는 것이 분명하다고 생각하면서 데이지는 자신을 비난하기 시작했습니다. '내가 예전만큼 매력적이지 않기 때문일 거야'라는 생각은 데이지를 더 괴롭게 했습니다.

데이지는 자신이 집에서 너무 편하게 지내면서 어느새 화장도 하지 않고 란제리 대신 파자마를 입고 있었다고 판단했습니다. 생각이 거기에 미치자 본격적으로 몸매 가꾸기에 돌입했습니다. 적어도 펑퍼짐한 아줌마 같은 아내가 되고 싶지는 않았습니다. 하지만 외모에 신경을 쓰며 가꾼 지 몇 달이 지나도 클리프는 더 잠자리에 대한 흥미를 잃는 것 같았습니다.

데이지가 친구에게 고민을 털어놓자 친구가 말했습니다.

"네 외모 때문이 아니야. 처음 연애를 시작할 때는 세상에 그 남자처럼 흥미로운 것이 없지. 그러다가 몇 년이 지나면 그의 모든 것이 식상해져. 클리프를 만난 지 얼마 안 된 남자처럼 대해봐."

친구의 조언을 듣고 데이지는 클리프를 새로운 태도로 대하기 시작했습니다. 그녀는 그의 오래된 이야기가 새롭고 아주 재미있다는 듯이 그의 말 하나하나를 놓치지 않고 경청했습니다. 하지만 변한 것은 아무것도 없었습니다. 마지막으로 잠자리를 가진 지 1년이 다 되어갈 무렵 화가 치밀어 오른 데이지가 말했습니다.

"클리프, 나는 당신에게 매력적으로 보이기 위해 최선을 다했어. 피트니스 클럽에 다니고 늘 화장을 하고 있었잖아. 나는 당신이 남자라는 느낌이 들게 하고, 당신이 내게 가장 흥미로운 남자라는 걸 보여주기 위해 내가 할 수 있는 최선을 다했어. 도대체 왜 그러는 거야? 두통 때문일 리가 없어. 늘 일 때문에 스트레스를 받는다는 것도 말이 안 돼. 다른 여자가 있는 거야?"

그 말이 그렇게 불쑥 튀어나올 줄은 그녀조차 예상하지 못했습니다. 그런데 갑자기 클리프가 시선을 떨구며 말했습니다.

"미안해."

데이지는 방금 자신이 들은 말이 사실이 아니길 바랐습니다.

"누구지?"

"내 비서."

클리프의 충격적인 고백 이후 계속되는 다툼과 별거 끝에 결국 두 사람은 이혼을 했습니다. 데이지는 배신감과 슬픔에 빠져 헤어나오지 못했습니다. 몇 달이 지나 현실에 대한 부정이 가라앉자 엄청난 분노의 감정이 밀려왔습니다.

'내가 피트니스 클럽에 다니면서 몸매를 가꾸려고 노력하는 걸 보면서 어떻게 다른 여자와 바람을 피울 수 있지? 그 멍청한 인간 때문에 나는 눈만 뜨면 화장부터 했어. 그는 나를 부족한 여자라고 느끼게 만들고, 모든 게 그가 직장에서 받는 스트레스 때문이라고 믿게 했어.'

그녀의 내적 대화는 날마다 바뀌었지만, 내용은 대체로 비슷했습니다. 그러다가 데이지의 슬픔은 어느새 자기 비난의 형태로 바꿔었습니다.

'내가 더 멋지게 보이면 남편이 좋은 남자로 변할 거라고 생각하다니 얼마나 어리석었던 걸까? 그런 남자를 사랑했다니 내가 얼마나 어리석었던 걸까? 그런 남자한테 내가 신경을 썼다니 얼마나 바보 같은지!'

이미 일어난 일을 바꿀 수 없다는 사실을 깨닫는 것은 중요합니다. 과거를 바꿀 수는 없지만 우리는 과거를 생각하는 방식을 바꿀 수 있습니다. 데이지도 과거에 대한 자신의 생각을 바꿀 수 있습니다. 배신에 초점을 맞춰 생각할 필요가 없는 겁니다. 물론 그 과정이 쉽지는 않습니다. 하지만 충분히 노력할 가치가 있습니다. 상대방의 배신을 부정하는 것이 아니라 당신의 강점에 초점을 맞추는 방향으로 생각을 바꿔야 합니다. 데이지의 경우 클리프가 자신을 배신했다고 생각하는 대신에 다음과 같은 확언을 할 수 있습니다.

클리프의 행동에도 불구하고, 나는 여전히 온전하게 사랑했어.

또는 정신적으로 스스로 자책할 때 자신이 얼마나 어리석었는지 생각하는 대신에 이렇게 말할 수도 있습니다.

나의 직감은 좋았어.

클리프와의 관계 전체가 배신이었다고 생각하는 대신 이렇게 말할 수도 있습니다.

클리프와의 사랑은 진짜였어.
단지 그 관계가 오래 지속될 운명이 아니었을 뿐이야.

시간이 지나면서 데이지는 다음과 같이 더 발전된 생각을 하게 될 겁니다.

아무도 나를 배신할 수 없어.
나의 존재는 아무도 배신할 수 없어.

확언을 계속해나가는 동안 그녀는 확언들에 적잖은 저항감을 느끼기 시작했습니다. 그 확언들은 데이지의 바람일 뿐 그녀의 현재 상황을 의미하는 것은 아니었기 때문입니다. 이와 같은 저항감은 그녀에게 풀어야 할 분노가 아직 더 많이 남아 있음을 의미합니다. 그래서 확언을 읊는 것 외에도 데이지는 자신의 분노를 존중하고 그것을 놓아줄 수 있도록 분노가 그녀의 몸을 통해 빠져나가게 할 필요가 있었습니다.

데이지는 멋지게 보이기 위해 운동을 열심히 하면서 스스로 최선을 다했다는 것을 인식했고, 비로소 평화를 찾았습니다. 슬픔의 협상 단계에서 일부 여성들은 '내가 나 자신을 잘 관리했다면 남편이 내게 충실했을까?' 혹은 '내가 화장을 하고 더 섹시한 옷을 입었다면 그가 바람을 피우지 않았을까?'라는 자기 비판적인 생각에 빠집니다. 그러나 결국 슬픔이라는 우울의 단계에 이르러서야 그들의 배우자는 끝내 자신을 속였을 거라는 점을 깨닫게 됩니다. 배우자의 배신은 자신과는 아무런 관계가 없습니다.

이 세상에서 우리가 진정한 배신이라고 부를 수 있는 것은 단 한 가지, 자신의 진정한 자아와 자존감을 잊는 것입니다. 결국 상대방이 어떤 행동을 하든 상관없이 우리는 언제든 자신의 가치를 지킬 수 있습니다. 다만 그 관계에서 때로 기준을 낮추고 우리보다 못한 행동에 굴복할 수도 있고, 어쩌면 배우자에게 앙갚음하기 위해 일을 도모할 수도 있겠지요. 그러나 가장 중요한 것은 우리에게 상처를 입힌 사람들의 속박에서 벗어나 스스로를 용서하고 놓아주는 것입니다.

15년 전에 바람을 피운 전 배우자를 용서한다는 것이 사람들에게 상처를 주어도 괜찮다는 의미는 아닙니다. 그러나 상대방이 실수를 저질렀다는 것을 이해하고, 또 모든 사람이 실수를 저지르고 있다는 사실을 받아들인다면 더 이상 그 실수로 자신이나 결혼 자체를 정의하지는 않을 것입니다.

세상의 모든 것은 당신을 위해 존재합니다

몰리는 남편 마이크의 외도로 큰 상처를 받고 이혼을 한 상태였습니다. 몰리는 이혼 후에 어떤 삶을 살아야 할지 깊이 생각했습니다. 분노에 휩싸인 채 억울해하면서 살고 싶지 않았던 몰리는 자신의 삶에서 일어난 부정적인 상황을 극복할 긍정적인 방법을 찾았습니다. 그 결과 몰리는 스스로 온전해지기 위해 인생에서 배신이라는 쓰라린 경험을 만들어냈다고 믿게 되었습니다. 그녀가 그 말을 진정으로 믿기 위해서는 수많은 과정과 자기 용서가 필요했습니다. 몰리는 어떻게 그런 믿음을 가질 수 있었을까요?

상실의 아픔이 너무나 컸던 몰리는 조금이라도 기분을 나아지게 할 수 있는 일이라면 무엇이든 마다하지 않고 시도했습니다. 한 친구가 슬픔을 사랑해보려고 노력하면 슬픔이 고통을 치유하기 위해 존재했다는 사실을 깨닫게 될 거라고 말해주었습니다. 아울러 자기 자신에게도 친절하게 대해야 한다는 것도 일깨워주었습니다.

몰리는 다음과 같이 당시의 느낌을 분명하게 이야기했습니다.

"나는 온종일 소파에 누워 영화를 보며 시간을 보냈습니다. 기력이 없어서 딸의 식사도 제대로 챙겨주지 못했죠. 매일 아침 샤워하는 동안에는 울면서 고통을 표현했어요. 그 후 나는 스스로 대단한 일을 해내고 있다고 나 자신을 다독이기 시작했어요. 자신이 사랑받을 가치가 있는 존재라고 생각하며 그동안의 나약함을 넓은 마음으로 이해해주었습니다. 이제 나는 어떻게 나의 삶이 조화롭게 협력하여 이 모든 것들을 깨닫게 해주었는지 알 수 있습니다. 가장 중요한 것은 밖에서 사랑을 찾는 것이 아니라, 바로 나의 내면에서 사랑을 찾는 것이었습니다. 나는 도움이 될 만한 다양한 자기개발 수업을 찾아다녔고, 모든 책을 읽었으며, '실천하는' 삶을 살기 위한 모든 방법에 귀 기울였습니다. 이 모든 과정이 제 가슴의 뜨거운 여정이었습니다."

몰리는 배신을 당하기 전까지만 해도 진정한 자기 연민을 경험해본 적이 없었습니다. 그녀는 언제나 엄격한 기준을 가지고 자기 자신을 비판하곤 했으며, 냉혹한 현실로부터 자신을 보호하기 위해 오랜 기간 동안 사랑이나 삶 따위가 발 디딜 틈도 없을 만큼 높은 벽을 쌓아왔습니다. 그 때문에 몰리는 어떤 상황에서도 쉽게 좌절하거나 절망하지 않았습니다. 하지만 배신의 고통은 그녀를 쓰러뜨렸습니다. 몰리가 말했습니다.

"사랑은 제가 직접적으로 경험해보지 못한 우주의 접착제와 같았습니다. 사랑은 계속 그곳에 있었지만 제가 깨닫지 못했던 거죠. 그리고 상황을 가혹하게 판단했던 그때 나는 나 자신에게 이렇게 말했어요. '너는 남편에게 버림받고 홀로 남겨진 여자이고 끔찍한 엄마일 뿐이야. 네가 그를 쫓아냈어! 네 삶이 시궁창이라도 할 말 없어.' 그렇게 자신에 대한 엄청난 비난을 쏟아냈어요. 하지만 배신의 경험을 이용해 나의 삶이 원래 그렇다는 비참한 생각을 극복할 수 있었습니다. 우선 나는 그 상황을 완전히 인정했습니다. 그리고 좋은 일이 생길 거라고 믿으며, 더 깊이 들여다보고, 폭풍우로부터 벗어나 이런 끔찍한 상황에서도 삶과 축복은 제 것이라고 주장했습니다."

얼마 전 몰리는 상담실에서 처음으로 전남편과 바람을 피웠던 여자와 대면했습니다.

"나는 그녀에게 감사의 눈물을 흘렸습니다. 그녀가 내 인생에 나타나지 않았다면, 내 인생의 드라마가 펼쳐질 수 없었을 테니까요. 나 자신은 물론이고 나의 세계와 다른 이들, 그리고 우리가 함께 떠난 여정에 대한 깊은 연민을 결코 경험하지 못했을 겁니다.

사실 그녀는 내가 나의 삶을 신뢰할 수 있도록 도와준 셈이었어요. 상심, 배신, 상실감, 비애, 슬픔 …. 그 모든 것이 나의 삶을 신뢰할 수 있도록 만들어주었어요."

한때 나쁜 꼬리표와 같았던 배신과 이혼의 경험이 어떻게 해서 몰리에게 생기를 불어넣는 계기가 될 수 있었을까요? 몰리는 이 질문에 이렇게 대답했습니다.

"나는 상황이 어떻게 전개되어야 한다는 집착을 버리고 그냥 흘러가는 대로 내버려두었어요. 그러자 인생의 어떤 상황에서도 더 이상 희생자인 상태로 남지 않게 되었습니다. 제 생각은 다른 말을 하고 있었을지 모르지만, 나는 마음이 이끄는 대로 움직였습니다. 남편과 바람을 피웠던 그 여자는 내 삶의 여정에 없어서는 안 될 인물이었던 거예요."

과거에 몰리는 자신은 사랑의 풍요로움을 누릴 자격이 없는 사람이라고 여겼습니다. 그러나 결국 그녀는 자신과 다른 모든 사람을 신성하고, 사랑스럽고, 인내하고, 용서하는 존재로 인식할 수 있게 되었습니다. 이 모든 것들은 그녀에게 매우 새로운 과정이었습니다. 마침내 그녀는 인생의 문제에 대한 모든 책임이 자신에게 있음을 받아들였고, 그것이 핵심임을 깨닫게 되었습니다.

"제 삶에 대해 그 누구를 탓할 수 없습니다. 나는 몇 달씩이나 이 낯선 개념에 동요되었죠."

이제 몰리는 자신의 삶을 온전히 자기만의 것으로 받아들이고 자신의 고통과 괴로움에 대해 타인을 비난하지 않게 되었습니다. 이 과정이 몰리에게는 너무나 급진적이었고 다소 버겁게 느껴지기도 했습니다. 그러나 몰리는 평화를 원했고, 그것은 자기 자신과 다른 사람들을 향한 반감을 내려놓는 것을 의미했습니다.

그것은 옳은 것과 그른 것에 대한 판단을 내려놓는 것을 뜻합니다. 이를테면, 남편과 바람을 피운 그 여자는 몰리에게 상처를 주었으므로 '그 여자가 잘못했다'와 같은 판단을 더 이상 하지 않게 된 것입니다. 그리고 정말로 우주가 그녀의 온전함을 향하여 협력하고 있음을 믿기 시작했습니다. 몰리는 자기 자신을 위해 조금이나마 연민을 끌어모을 수 있다는 것을 알게 되었고, 마침내 자신이 뭔가 잘못했다는 생각에서 벗어날 수 있었습니다.

몰리는 자기 자신은 물론이고 세상이 그녀를 외면하고 있다는 생각에서 벗어났습니다. 그리고 자신이 만난 모든 사람, 가까운 친구에서 평범한 지인, 심지어 남편과 바람을 피웠던 그 여자까지도 자신의 인생이 온전함을 향해 나아가는 데 결코 빠져서는 안 될 사람들이었음은 깨닫게 되었습니다. 그리고 그것에 대해 그녀는 매우 감사하게 되었습니다.

"제가 '그 여자'를 만났을 때 나는 그녀에게 제가 얼마나 상처받았는지 솔직하게 얘기했어요. 그리고 나 역시 그녀에게 상처를 주고, 다른 모든 사람들이 그녀를 미워하게 되길 바랐던 것에 대해 사과했어요. 나는 그녀에게 고맙다고 말했습니다. 이 말은 진심이었습니다. 나 또한 살면서 많은 실수를 저질렀습니다. 그 여자 역시 나와 마찬가지로 실수를 했을 뿐이죠. 제가 상처받고 괴로워하면서 온 세상이 그녀를 증오하길 바랐던 거예요. 그 전까지 나는 그 여자가 고통받으면 제 괴로움이 잦아들 거라고 생각했어요. 하지만 그녀를 용서하면서 오히려 나는 자유로워졌습니다. 나는 진심으로 준비가 될 때까지 기다렸지만, 혹시 죽을 때까지 그녀를 용서할 마음의 준비가 되지 않을까 봐 두렵기도 했습니다."

"그 여자와 직접 얼굴을 맞대는 것은 정말 쉬운 일이 아니었습니다. 하지만 나는 나의 잠재력을 최대한 발휘하면서 살고 싶었고, 처음 삶이 시작된 곳에서 삶을 다시 만나고 싶었어요. 인생은 나에게 은혜를 향한 끊임없는 가르침을 전해줄 거예요. 그 모든 것은 은혜를 향한 것입니다. 제가 선택했으니까요." 몰리가 이와 같은 깨달음을 얻기까지 사용했던 여러 확언을 소개하겠습니다.

이 일과 관련된 모든 이들에게 가장 좋은 일들이 있기를 바라.

나는 아름다운 삶을 누릴 자격이 있어.

인생의 교훈을 통해 나는 은혜를 얻을 거야.

나는 멋진 경험을 만드는 좋은 삶을 끌어당기고 있어.

몰리가 보여주었듯이, 자신의 부정적인 생각을 치유하면 그 상황에 있는 모든 사람이 더 높은 차원으로 올라갈 수 있습니다.

아이에게 이혼의 슬픔 대신 사랑의 다양한 모습을 알려주세요

생각의 상당 부분은 당신의 과거, 특히 어린시절의 경험에 의해 형성됩니다. 이혼을 하는 과정에서 자녀들을 배려하지 않았다는 부정적인 생각을 치유하는 데 효과적으로 많은 시간을 쓰고 있나요? 당신이 이혼을 하면서 슬퍼한 것처럼 아이들도 부모의 이혼을 보며 슬픔에 잠깁니다. 엄마와 아빠가 늘 함께 있는 모습을 더는 볼 수 없게 되었으니까요.

어린 시절에 아이들에게 세상을 애정과 사랑으로 바라보는 시각을 길러주는 것이 매우 중요합니다. 그러지 못하면 당신의 자기 성찰은 한낱 방종에 불과한 것이 되어버리고 맙니다. 사랑할 때는 벽을 허무는 것이 당연하지만, 이혼할 때는 벽을 훨씬 더 튼튼하게 세우는 경우가 많습니다.

내가 말하는 벽이란 자신과 다른 사람을 분리해서 생각하는 마음입니다. 당신은 전남편이나 전부인 때문에 받은 상처와 고통으로 마음의 벽을 세웠을지 모릅니다. 하지만 아이들은 당신이 세운 마음의 벽을 이해하지 못한 채 그 벽을 넘기 위해 애쓰며 슬퍼하고 있다는 사실을 기억해야 합니다. 이러한 생각이 당신의 세계를 지배하게 내버려둔다면 그 마음의 벽이 바로 당신을 둘러싼 세상의 법칙이 됩니다. 이를 치유하기 위해서는 아이들과 자기 자신에 대한 사랑으로 생각을 되돌려야 합니다. 하지만 벽을 쌓는 것이 당신을 보호하는 것이라고 믿는 한 사랑으로 되돌아가기는 결코 쉬운 일이 아닙니다.

비참하게 결혼생활을 끝낸 재키의 이야기를 해보죠. 재키와 그녀의 남편인 맷은 서로 표현하지는 않았지만 가슴 깊이 서로에 대한 원망과 분노, 그리고 상처가 너무나도 크게 자리하고 있었습니다. 결국 두 사람은 이혼을 했고, 두 사람의 아이인 아만다는 맷이 키우기로 했습니다.

이혼 후 처음 맞는 크리스마스에 재키는 맷에 대한 분노와 원망, 그리고 아직 두 살이 되지 않은 딸 아만다와 함께 있고 싶은 깊은 욕망 사이에서 갈팡질팡했습니다. 재키는 지금이 딸의 인생에서 특별한 시간이라고 생각했고, 그렇게 중요한 날에 아만다와 함께 있어주고 싶었습니다. 그건 맷 역시 마찬가지였습니다.

결국 재키와 맷은 하나의 방안을 생각해냈습니다. 오전에는 재키가 아만다와 함께 시간을 보내고, 오후에 맷이 딸을 데리고 가는 것이었습니다. 이 방법을 생각해내면서 재키는 부아가 치밀어올랐고, 그래서 아이와 온전히 함께하지 못하는 슬픔에서 벗어나기 위해 이런저런 노력을 하며 하루를 보냈습니다. 슬픔 속에서 그녀는 자신의 상실감을 존중했고 그 감정을 깊이 받아들였지만, 자신의 미래에 대해 생각해볼 필요가 있었습니다.

"나는 기도하고 또 기도했어요. 그러다가 나에게 강력한 확언이 필요하다는 것을 깨달았죠. 나는 그런 분노와 슬픔을 원치 않았으니까요. 그때 한 문장이 제 마음속을 파고들었습니다."

재키는 자신을 위한 긍정 확언을 떠올리고 그것을 끊임없이 되뇌었습니다.

나는 너를 용서해. 그리고 나는 너를 놓아줄 거야.

"하루에도 천 번씩 그 확언을 읊었던 것 같아요. 맷을 생각할 때도 말했고, 나 자신에게도 말했어요. 나는 스스로 분노와 억울함에 휩싸인 채 나 자신을 비난하고 있었고, 심지어 다른 사람을 비난하는 나 자신을 비난하고 있었어요. 그제서야 그런 저의 모습을 제대로 볼 수 있게 되었습니다."

재키의 울분과 분노는 너무나 심해서 정성껏 기도를 하며 하루에 천 번씩 확언을 읊었습니다. 재키의 확언은 효과가 있었습니다. 재키가 말했습니다.

"며칠 후에 제 마음은 완전히 달라져 있었습니다. 나는 사랑을 통해 영감을 얻었습니다. 그리고 제가 원하는 게 무엇인지도 알게 되었어요. 나는 맷에게 아만다를 그의 집으로 데려가 함께 시간을 보내기 전에 우리 가족과 크리스마스 아침을 함께 보내는 것은 어떤지 물었어요. 물론 거절해도 할 수 없지만, 그가 온다면 우리 모두 좋은 시간을 보내게 될 거라고 분명하게 이야기해주었습니다. 그러고 난 다음에는 마음을 비웠습니다."

맷은 즉시 좋다고 대답했고, 그들은 더없이 즐거운 시간을 보냈습니다. 재키는 딸에게 온 가족과 함께 있는 것보다 더 행복한 순간은 없다는 사실을 알았습니다. 그리고 아만다의 작고 사랑스러운 얼굴이 행복으로 빛나는 것을 보는 것이 얼마나 큰 기쁨인지를 깨닫게 되었습니다.

그날 아침 재키는 놀라운 경험을 했습니다.

"그건 정말 기적이었어요. 전남편이 딸과 함께 있는 모습을 지켜보고 있노라니 문득 그가 저에게 소중한 딸을 가져다주었다는 사실과 그가 항상 우리 딸의 훌륭한 아버지라는 사실에 감사함이 느껴지더라고요. 정말 멋진 날이었어요. 하지만 여기서 끝이 아닙니다. 맷이 아만다와 떠날 채비를 하는데, 내 마음이 하나도 무겁지 않았습니다. 오히려 가볍고 자유로웠습니다. 제 마음속에는 저를 꼼짝 못하게 묶어두었던 날카로운 족쇄나 슬픔 따위는 없었습니다. 항상 변치 않는 사랑과 감사의 느낌만이 충만했습니다. 나는 전남편과 딸을 배웅하고 딸에게 작별 인사를 한 후 전남편에게 가벼운 포옹과 함께 와줘서 고맙다고 말해주었습니다. 나는 그에게 즐거운 크리스마스가 되길 바라며, 딸과 함께 행복한 시간을 보내라고 말했습니다. 그리고 제가 한 모든 말은 진심이었습니다."

재키는 긍정 확언과 같은 단순한 행동이 많은 사람의 삶에 엄청난 사랑과 기쁨을 가져다준다는 사실을 알게 되었습니다. 그리고 그것이 자신에게만 해당하는 것이 아님을 깨달았습니다.

이혼은 결말인 동시에 새로운 시작입니다

이혼하게 되면 누구나 그 원인을 찾으려고 노력합니다. 누가 누구에게 무엇을 했는가? 하지만 이러한 이유는 더 작은 이야기의 일부에 불과합니다. 당신의 사랑과 삶, 그리고 영혼의 여행에는 훨씬 더 큰 이야기가 펼쳐지고 있습니다. 당신의 목표는 슬픔을 없애는 것이 아니라 미래의 행복을 바라보면서 당신과 그 행복 사이의 모든 장벽, 다시 말해 당신에게 도움이 되지 않는 것들을 제거하는 것입니다.

우선 당신은 배우자를 용서할 방법을 찾아야 합니다. 쉬운 일은 아니지만 그것은 궁극적으로 당신을 자유롭게 할 것입니다. 앙심을 품는 것은 마치 다른 사람이 죽기를 바라며 당신이 독을 마시는 것과 같습니다. 이혼의 과정에서 얽힌 제삼자가 있다면 그 사람도 용서하기 위해 최선을 다하세요. 관련된 모든 사람을 용서하는 것은 힘든 도전일 수 있지만, 그 일을 시작하는 데 필요한 것은 당신의 의지가 전부입니다. 우선 다음과 같은 확언을 되풀이해 말해보세요.

나는 상대방을 기꺼이 용서해.

이혼의 슬픔을 치유하기 위해서 당신은 반드시 자기 자신의 인생을 책임져야 합니다. 당신이 슬픔을 완전히 치유하고, 또 슬픔이 당신을 치유하도록 만들기 위해서는 절대로 피해자로 남아 있어서는 안 됩니다. 결혼이나 연인과의 관계에서 나쁜 일이 발생했을 때 거기에는 항상 하나의 공통분모가 있었습니다. 바로 당신 자신입니다. 당신은 그 모든 상황에 있었습니다. 그러니 당신에게도 일정 부분 책임이 있습니다. 설령 특정 상황에서 당신의 역할을 찾을 수 없었더라도 더 큰 그림에서 볼 때 아마도 당신의 영혼이 배우고 성장할 수 있는 다양한 형태의 경험을 선택했다는 점에서 그 진실을 찾을 수 있을 것입니다.

궁극적으로 당신은 자신이 추구하는 사랑을 당신 자신에게 주어야 합니다. 그렇다고 다른 관계가 필요하지 않다거나 다른 누군가가 필요 없을 정도로 자기애만 가득한 사람이 되라고 말하는 것은 아닙니다. 당신의 내면에서 사랑을 찾을 수 있다면 누군가 채워주길 기다리는 빈 탱크인 채로 나머지 인생을 사는 일은 없을 것입니다. 오히려 당신은 사랑으로 가득 찬 온전한 사람이 될 것이고, 모든 상황에서, 그리고 만나는 모든 사람에게 그 사랑을 가져다줄 수 있을 것입니다.

슬픔은 상실한 모든 것을 애도하는 시간입니다. 산산이 부서진 꿈, 항상 지속할 것이라고 믿었던 결혼생활에 대한 사라진 희망. 그러나 당신에게 닥친 일들이 실제로 일어났음을 달게 받아들일 수 있을 때, 슬픔은 또한 회복과 발전의 시간임을 알게 될 것입니다. 이제 당신에게는 자신을 새롭게 창조할 기회가 있습니다.

이혼 후 당신은 어떤 사람이 되고 싶나요? 다른 사람들과 당신의 과거가 당신을 채우고 정의할 결핍의 공간을 남겨두지 마십시오. 당신이 되고 싶은 사람을 스스로 선택하세요. 그러면 당신의 인생에 새로운 장이 펼쳐질 것이며, 당신에게 다시 시작할 기회가 기다리고 있을 것입니다.

이혼은 삶의 다른 단계가 시작되는 순간일 수 있습니다. 당신은 새로운 삶에 '좋음'이라는 딱지를 붙일 수도 있고, '나쁨'이라는 딱지를 붙일 수도 있으며, 그 기간을 비극이나 성장의 기간으로 여길 수도 있습니다. 얼마나 오랫동안 결혼생활을 했는지와 상관없이 모든 결혼은 성공일 수 있습니다. 전 배우자가 당신의 미래를

장악할 수 없습니다. 당신의 미래를 결정하는 것은 바로 당신 자신입니다.

당신의 장점은 미래의 행복에 대한 가능성을 보는 데서 찾을 수 있을 것입니다. 당신은 배우자와 함께했던 과거를 놓아 보내고, 용서를 실천하고, 아이들을 우선시하며, 처음으로 자기 자신을 가장 우선순위에 놓음으로써 이 단계를 달성할 수 있습니다. 만약 이혼을 둘러싼 당신의 믿음이 어떤 종교적 신념으로 흐려져 있다면, 이는 당신의 종교에서 좋은 면을 찾아낼 좋은 기회가 될 수도 있습니다. 많은 사람들이 훌륭한 신앙의 가르침과 함께 자라납니다. 성장기에 유독 치명적인 신념 체계를 형성하는 사람들도 있습니다. 하지만 이혼은 독단적인 것이 아니라 하느님의 가치관에 주파수를 맞추는 시간이 될 수도 있습니다. 그리고 이혼은 결말인 동시에 새로운 시작이 될 수도 있습니다.

이혼으로 상처받은 이들을 위한 치유 수업

연인과 이별 후에 느끼는 슬픔이 회복과 발전의 기회가 되듯이, 이혼 후에 느끼는 좌절과 절망 또한 당신에게 새로운 기회가 될 수 있습니다.

이혼을 하면서 '이제 다시 시작하기에는 너무 늦었어'라는 생각에 자신의 삶을 포기하는 이들이 많습니다. 하지만 그것은 그저 생각일 뿐이며, 사실이 아니란 점을 명심해야 합니다. 아직 이 지구에 두 발을 딛고 살고 있다면 다시 시작하기에 너무 늦은 시간이란 존재하지 않으니까요. 당신이 시작하는 데 도움이 될 훌륭한 연습 방법이 여기에 있습니다.

이혼 후 당신의 기분을 설명하는 모든 부정적인 단어에 대해 생각해보세요. 이를테면, '슬프다', '절망적이다', '한심하다', '사랑받지 못한다'와 같은 단어들이 있겠죠. 그 단어들을 종이에 적어 봉투에 넣으십시오.

그런 다음 그 말들을 영원히 날려 보내는 데 정말로 도움이 되는 하나의 의식을 만드세요. 그 순간 당신에게 옳다고 느껴지는 행동은 무엇이든 하나의 의식이 될 수 있습니다. 봉투를 놓고 기도하거나 불태울 수도 있습니다. 그 의식은 그런 부정적인 말을 놓아줌으로써 궁극적으로 그 말이 당신 자신에 대한 진실이 아님을 깨닫는 것입니다.

다음으로 당신이 이혼을 다른 방식으로 어떻게 느낄 수 있는지, 그리고 당신이 어떤 사람인지 설명하는 모든 긍정적인 단어를 떠올리고 적어보세요. 그 말이 사실일 필요는 없습니다. 그저 옳다고 느껴지거나 당신이 되고 싶은 사람을 표현하기만 하면 됩니다. 몇 가지 예를 들어보죠.

놀랍다
용감하다
탁월하다
사랑스럽다
가치 있다
열정적이다
솔직하다
재미있다

다정하다
모험심이 강하다

이밖에도 당신을 표현할 수 있는 단어는 아주 많습니다. 당신에게 맞는다고 느껴지는 단어를 고르세요. 그리고 자신이 선택한 단어에 대해 다음과 같이 '나는'이라는 주어로 시작하는 문장을 작성하여 실제로 그 내용에 몰입할 수 있도록 합니다.

나는 놀라워.
나는 용감해.
나는 탁월해.
나는 사랑스러워.
나는 가치 있는 사람이야.
나는 열정적이야.
나는 솔직해.
나는 재미를 추구해.
나는 다정해.
나는 모험심이 강해.

이 문장을 복사하여 보이는 곳이면 어디든 붙여놓으세요. 그 말들을 받아들이고, 그대로 살아가세요! 그리고 이혼 후 인생을 생각할 때 당신의 길을 계속 걸어가는 데 도움이 될 이 확언을 기억하세요.

나는 나의 미래의 긍정적인 가능성에
초점을 맞추고 있어.

Chapter 4

죽음도
삶의 일부입니다

사랑하는 이가 곁에 없어도 그들을 사랑할 수 있습니다

살아가면서 우리가 경험하는 상실 중에 사랑하는 이의 죽음만큼 깊은 슬픔과 공허함을 느끼는 경우는 없을 겁니다.

우리가 죽음의 의미에 대한 생각하는 이유는 그것이 곧 삶을 이해하는 데 매우 중요하기 때문입니다. 어떤 사람들은 죽음이 결국 우리의 적이며, 머지않아 우리를 잔인하게 패배시킬 끔찍한 자연의 속임수라고 믿습니다. 이러한 신념을 받아들이면 인생은 무의미합니다. 반면에 당신이 태어나고 자라서 왕성하게 활동을 하다가 때가 되면 죽음을 맞는다는 사실을 이해한다면 당신은 의미 있는 삶을 살다가 의미 있는 방식으로 죽음을 맞을 수 있게 됩니다.

사랑하는 사람이 세상을 떠났다고 해도, 우리의 인생은 계속된다는 사실을 잊어서는 안 됩니다. 물론 우리는 사랑하는 사람의 육체가 더 이상 존재하는 않는 낯선 세상을 살아가야 합니다. 어떤 면에서 당신은 그들이 계속 영적으로 살아가고 있다고 느낄 수도 있습니다. 그리고 정말 그렇기도 합니다! 그들이 곁에 있었을 때처럼 소중히 아껴주세요. 사랑하는 이가 당신 곁에 없다고 해도 당신은 얼마든지 그들을 사랑해줄 수 있습니다.

당신의 상실과 그에 따르는 슬픔은 다른 사람들과는 매우 다른 개인적인 감정입니다. 다른 사람들은 그들이 알고 있는 유일한 방법으로 당신을 위로하기 위해 자신들의 경험에 대해 이야기할 수도 있습니다. 하지 당신이 느끼는 상실감은 당신이 경험했던 독특한 사랑이 반영된 유일한 것입니다. 당신의 슬픔이 그 사랑의 증거입니다. 당신이 흘린 모든 눈물은 당신이 떠난 이를 얼마나 깊이 사랑하고 아껴왔는지를 확인하게 해줍니다. 아무도 당신에게서 그것을 빼앗아서도 안 되고, 또 빼앗고 싶어 하지도 않습니다.

그러나 신경증과 두려움이 그러한 슬픔에 뒤섞일 수 있습니다. 그것을 깨닫지 못한다면 슬픔은 곧 당신을 공격하는 무기가 될 수 있습니다. 그래서 우리는 바로 자신의 생각에 주의를 기울이는 법을 배워야 합니다. 당신의 생각은 당신을 위로할 수도 있지만 반대로 당신을 고통 속에 가두어 불필요한 고통을 일으킬 수 있습니다. 고통에서 벗어나는 유일한 방법은 그것을 경험하는 것입니다.

당신은 그 감정을 오롯이 느껴야 합니다. 그렇다고 계속 그 상태에 머물러 있거나 고통을 안고 살아갈 필요는 없습니다. 슬픔 속에서도 사랑을 느낄 수 있는 유일한 방법은 상실을 겪는 과정에서 당신이 자신을 어떻게 대하고 있는지 인식하는 것입니다.

영원한 이별의 슬픔이 나를 집어삼킬 때

라이언과 그의 아내 킴은 30여 년을 함께하며 세 아이를 키운 변호사 부부였습니다. 50대가 된 두 사람은 열흘간 크루즈 여행을 떠났습니다. 여행 중에 킴은 갑판에서 햇볕을 쬐고 난 후 샤워를 하다가 한쪽 가슴에서 덩어리를 발견했습니다. 이전에는 없던 증상이라 킴은 약간 걱정이 되었고, 다른 한편으로는 하필 모처럼 휴가를 즐기고 있는 중에 이런 근심거리가 생기자 짜증이 밀려오기도 했습니다. 킴은 별일 아닐 거라고 생각하고 일단은 남편에게 비밀로 했습니다. 자신은 걱정거리를 잠시 제쳐둘 수 있지만, 라이언은 즉시 과민하게 반응할 게 분명했으니까요.

집으로 돌아와 킴은 산부인과 진료 예약을 잡았고, 안타깝게도 유방암 4기 진단을 받았습니다. 그녀와 라이언은 엄청난 충격에 휩싸였습니다. 그녀는 자주 자기 몸을 확인하는 습관이 있었는데, 그전까지지는 특이한 것을 발견하지 못했습니다. 어떻게 처음 3단계를 다 놓치고 4기가 되어서야 암을 발견한 것인지 도무지 이해하기 힘들었습니다.

킴은 즉시 화학치료를 받기 시작했습니다. 물론 보완적인 치료법도 병행했습니다. 킴은 힘든 치료를 잘 견뎌냈지만 가끔씩 라이언에게 "죽는 게 이것보다는 쉬울 것 같아"라고 말할 때도 있었습니다. 여러 차례 화학치료를 받았지만 그녀의 암은 빠르게 전이되었고 화학요법은 그녀에게 거의 효과가 없었습니다.

킴의 의사 중 한 명이 말기 암 환자를 위한 호스피스 케어를 고려해볼 것을 제안했지만, 라이언과 킴은 너무 일찍 체념할 수 없었습니다. 아직은 더 희망을 가지고 새로운 치료법을 시도하고 싶었습니다. 그래서 다른 여러 의사와 상담해보았지만, 돌아오는 대답은 항상 같았습니다. 결국 킴의 몸이 눈에 띄게 쇠약해지고 있음을 받아들여야 했고, 마침내 두 사람은 호스피스 케어에 서명했습니다.

처음에 우려했던 것과는 달리 호스피스 병동에서 킴의 증상은 더 좋아졌습니다. 몇 주간 통증 조절과 증상 관리를 받고 나자 킴은 화학치료를 받았던 지난 몇 달보다 훨씬 더 기력을 회복하는 것 같았고, 기분도 한결 좋아졌습니다. 그녀와 라이언은 "호스피스 치료를 받아서 그런지 기분이 날아갈 것 같아. 이런 줄 알았으면 좀 더 일찍 호스피스 치료를 받을 걸 그랬어!"라며 농담을 주고받기도 했습니다.

킴이 병을 잘 이겨내고 있으니 호스피스 병동을 떠나도 될 것 같다는 얘기도 들렸습니다. 그러나 그들이 그 문제를 의논하기도 전에 킴의 상태가 갑자기 악화되기 시작했습니다. 그녀의 의사는 암이 말기로 진행되고 있는 것이라고 말했습니다. 킴의 세계는 점점 더 자기 안으로 침잠하면서 쪼그라드는 듯했습니다.

어느 날 킴이 라이언에게 말했습니다. "내 차례가 오면 나를 편하게 보내주겠다고 약속해줘."

라이언은 그녀와 굳게 약속을 하고 매일 그녀의 곁을 지켰습니다. 킴이 지금 세상을 떠나더라도 언젠가 두 사람은 다시 만나리라는 것을 조금도 의심하지 않았고, 그래서 그녀를 편히 보내줄 수 있다고 생각했습니다. 며칠 후 킴은 더 이상 침대에서 일어나지 않았고, 결국 의식을 잃었습니다. 라이언은 아내의 몸이 더 이상 예전과 같지 않다는 것을 알 수 있었습니다. 라이언이 킴의 귀에다 대고 속삭였습니다.

"킴, 이제 갈 시간이야. 나는 괜찮을 거야. 당신이 먼저 그곳으로 가 있어. 우리는 곧 다시 만나게 될 거야."

그러나 킴의 몸이 굳어지자, 라이언의 평화로웠던 태도가 급작스럽게 돌변했습니다. 그는 그녀에게 애걸하기 시작했습니다.

"제발 날 떠나지 마. 당신 가면 안 돼. 버텨야 해."

하지만 킴은 몇 시간 뒤 세상을 떠났습니다.

1년 반이 지난 후에도 라이언은 사별한 사람들의 모임에 앉아서 자신은 여전히 괴로움을 떨쳐내지 못했다고 털어놓았습니다.

"내가 아내의 마지막 순간을 끔찍하게 망친 것 같은 마음에 슬픔을 견딜 수가 없었어요. 나는 때가 오면 담담하게 그녀를 보내주겠다고 약속했어요. 언젠가 다시 만날 거라는 걸 알고 있었으니까요. 하지만 실제로 죽음이 임박하자 나는 어쩔 줄 몰랐습니다. 아내에게 가지 말라고 애걸복걸하면서 아내에게 한 약속을 지키지 못했어요."

라이언은 자신이 인간이라는 사실, 즉 삶이 소중하며 그가 아내를 깊이 사랑했다는 사실을 잊고 있었습니다. 아내가 죽기 전에는 "때가 되면 당신을 편하게 보내줄게"라고 말할 수 있었을지도 모릅니다. 하지만 그 순간이 현실로 다가오자, 그 말은 진심이 아니었음을 알게 된 것이죠. 그는 진짜 속내를 꺼내놓지 못했던 것에 수치심과 죄책감을 느꼈습니다. 라이언은 감당하기 힘든 죄책감을 느꼈고, 자신이 아내를 실망하게 만든 게 틀림없다고 확신했습니다.

모임에서 누군가 질문했습니다. "만약 킴이 당신의 임종 때 '가지 마'라고 말했다면요? 그 말을 했다고 당신이 아내에게 실망했을까요, 아니면 아내가 당신을 너무 사랑해서 작별 인사를 하고 싶지 않은 것으로 볼까요?"

우주는 우리가 한 말을 글자 그대로 판단하지 않습니다. 우리가 그 말을 한 의도를 먼저 생각하고 사랑의 마음으로 우리가 한 말을 해석합니다. 우주가 들은 말은 아내를 놓아주지 않겠다는 라이언의 말이 아니었습니다. 그가 아무리 '나 때문에 킴의 평안한 임종을 망쳤어'라고 되풀이한들 우주에는 킴에 대한 라이언의 사랑만이 전해졌을 뿐입니다.

라이언은 슬픔을 이겨낼 수 있었고, 이제 킴의 임종 순간을 떠올리며 우울해질 때는 다음과 같은 사랑스러운 생각을 하곤 합니다.

나는 킴을 너무나 사랑했기 때문에 그런 말을 할 수 없었어.

이런 생각이 도움이 되지 않으면 라이언은 속으로 또 이렇게 말합니다.

나는 킴을 너무 사랑했기 때문에 놓아줄 수 없었어.
그녀가 떠난 지금, 그 사랑은 그녀가 어디에 있든 그녀를 따라다녀.
나는 이제 내 모든 사랑으로 그녀를 놓아줄 거야.

우리는 오늘 가장 달콤한 사랑을 담아 당신을 기억합니다

생일이나 기념일 또는 휴일이나 명절은 가족이나 사랑하는 사람과 함께하는 시간입니다. 그러나 우리가 사랑하는 사람들이 더 이상 우리와 함께하지 않는다면 어떻게 될까요? 누구도 사랑하는 사람이 죽어가는 현실을 바꿀 수는 없지만, 상실 후 경험을 수용하는 방식은 세상에 많은 변화를 가져옵니다.

대형 은행 체인에서 컨설턴트로 일하는 레지나는 남편과 사별하고 딸 코니를 키우는 싱글맘이었습니다. 코니가 다섯 살 때 아이의 아빠가 떠난 후부터 레지나와 코니는 언제나 둘이서 함께 지냈고, 레지나는 딸인 코니에게 애정을 듬뿍 쏟았습니다.

크리스마스와 새해 첫날을 제외하면 두 모녀가 가장 좋아하는 기념일은 생일이었습니다. 레지나는 자라면서 생일에 제대로 축하를 받은 적이 없었습니다. 그래서 코니가 태어났을 때 자신이 얼마나 행복했는지 딸에게 반드시 알려주고 싶었습니다. 그래서 레지나는 코니가 아주 어렸을 때는 자신의 친구들을 초대해 코니의 생일 파티를 열었고, 코니가 학교에 다니기 시작한 이후에는 코니의 친구들을 초대해서 파티를 열었습니다. 어느 날 코니가 레지나에게 물었습니다.

"엄마 생일에는 왜 파티를 하지 않아요? 엄마 생일에도 파티를 했으면 좋겠어요."

"생일 파티는 아이들이나 하는 거야." 레지나가 대답했습니다.

하지만 코니는 "엄마가 태어난 날은 중요한 날이 아닌가요? 엄마 친구들은 생일 파티를 하잖아요"라며 레지나의 생일에도 파티를 하자고 말했습니다.

레지나는 코니의 소원을 들어주기 위해 자신의 생일에도 파티를 하기 시작했습니다. 코니는 아주 좋아했지만 레지나는 1, 2년 후에는 번거롭게 자신의 생일을 챙기는 일은 하지 말아야겠다고 생각했습니다. 하지만 어느새 레지나는 자신의 생일 파티를 무척 즐기게 되었습니다.

25년이 흘러 레지나는 어느덧 50대 중반에 접어들었고 30대 중반이 된 코니는 결혼해 자식을 낳았습니다. 하지만 그들의 삶에서 변함없는 한 가지는 무슨 일이 있어도 생일을 꼭 챙기고 함께 축하하는 전통이었습니다. 그로부터 15년이 더 지난 후에는 손주들이 레지나의 생일을 축하해주기 위해 매년 레지나의 친구들을 차로 모셔오곤 했습니다. 이웃이었던 손님 한 명이 "어머니 생신에 이렇게 지극정성인 딸은 처음 봐요"라고 말할 정도였습니다.

하지만 다음 해에 갑자기 레지나는 점점 기력이 떨어지기 시작했고 피곤함을 느꼈습니다. 정밀검사 결과 레지나는 위암 진단을 받았습니다.

두 번째 항암 치료를 위해 입원을 한 레지나는 병실에서 코니에게 "조금 있으면 네 생일이구나. 내가 아마 못 갈 수도 있겠어"라고 말했습니다. 하지만 코니는 "바보 같은 소리 말아요, 엄마. 올해 제 생일 파티는 엄마 옆에서 할 거예요"라며 레지나에게 용기를 불어넣었습니다.

코니는 남편 그렉과 다가오는 자신의 생일을 어떻게 준비해야 할지 의논했습니다. 그렉은 "그때쯤이면 퇴원하실 텐데, 생일 축하 파티를 취소하는 걸 바라지는 않으실 거야"라고 말했습니다. 두 사람은 레지나가 퇴원한 후 함께 멋진 생일 파티를 열 계획을 세웠습니다.

하지만 미처 퇴원을 하기 전에 레지나에게 열이 오르기 시작했고, 감염 문제가 해결될 때까지 퇴원을 연기해야 했습니다. 그리고 감염원을 찾지 못한 채 며칠 후 상태가 더욱 악화되었고, 결국 패

혈증까지 생겼습니다.

자신의 생일이 다가오도록 레지나가 퇴원을 하지 못하자 코니는 생일 모임을 취소했습니다. 그녀는 매일 밤 어머니 옆을 지키며 자신의 생일은 까맣게 잊어버렸습니다. 어느 날 문병을 온 친구가 떠나면서 코니에게 생일을 축하한다며 말했습니다.

"내일은 널 못 보겠지만, 내가 네 생일을 축하하고 있을 거라는 것만 알아둬."

코니는 내일이 자신의 생일이라는 사실을 깨닫고 깜짝 놀랐습니다.

"오, 이런, 깜빡했네. 이번 생일은 엄마 옆에서 함께 보낼 거야."

레지나는 자신의 생일에는 분명히 엄마가 깨어날 거라고 믿었기 때문에 친구에게 내일 풍선을 몇 개 사다 달라고 부탁했습니다. 병원에 들르고 싶다는 친구들의 전화가 계속 걸려왔고, 그렉과 아이들 그리고 친한 친구 몇 명이 코니의 생일을 축하하러 병원에 들러서는 여전히 레지나가 깨어나기를 바랐습니다.

갑자기 오후 3시 무렵 레지나 주변에서 간호사들이 바쁘게 움직이기 시작했습니다. 코니는 엄마의 상태가 점점 더 나빠지고 있음을 알 수 있었습니다. 의사가 와서 말했습니다.

"보시다시피, 어머님 상태가 안 좋으시네요. 중환자실로 옮기겠습니다."

"저도 엄마와 함께 있겠어요." 코니가 말했습니다.

중환자실로 옮긴 지 몇 시간 지나지 않아, 코니는 엄마의 죽음이 얼마 남지 않았음을 느낄 수 있었습니다. 몇 분 후 레지나의 심장 박동수가 급격하게 곤두박질을 쳤습니다. 그리고 단 몇 분 만에 레지나는 세상을 떠났습니다.

레지나가 세상을 떠난 후 사람들은 코니에게 "네 생일에 엄마가 돌아가시다니 정말 안 됐다. 어머니의 기일이 네 생일이라니 너무 슬픈 일이야"라고 말하곤 했습니다. 그 말을 듣고 코니는 깜짝 놀랐습니다. 그러나 코니는 자신의 상황을 부정적인 시각으로 보지 않았습니다. 그 후 코니는 자신의 생일에 어머니가 돌아가신 것에 대한 사람들의 부정적인 해석에 대해 생각하기 시작했습니다.

"사람들은 내 생일이 엄마와 나의 관계와 아무런 관련이 없다고 보는 것 같은데, 그건 정말 가당치도 않은 생각이야. 그날 엄마가 나를 낳으셨다는 사실을 잊고 있는 것 같아. 엄마가 내 생일에 돌아가셨으니까 매년 생일이면 내가 엄마를 슬프게 기억할 것 같다는 인상을 받은 모양이야. 하지만 나에게 이런 상황은 아름답고 완전한 하나의 이야기일 뿐이야. 엄마는 내가 이 세상에서 처음 숨을 쉬는 순간에 나와 함께 있었어. 그리고 엄마가 이 세상에서 마지막으로 숨을 쉬는 순간에는 내가 엄마와 함께 있었지. 그 순간이야말로 엄마가 나에게 줄 수 있는 가장 특별한 생일 선물이야."

많은 사람들이 사랑하는 이가 죽은 날을 부정적으로 해석합니다. 특히 기념일이나 휴일, 특별한 날에 사랑하는 이가 죽음을 맞으면 그들의 죽음으로 그날이 영원히 망가졌다고 이야기하기도 합니다. 하지만 코니의 해석을 생각해보십시오. 어머니의 죽음은 그녀의 생일을 전혀 망치지 않았습니다. 오히려 생일을 풍요롭게 했습니다.

우리가 선택한 말은 우리의 내면 세계에 깊은 영향을 미칩니다. '풍요롭다'라는 단어를 쓰느냐와 '망쳤다'라는 단어를 쓰느냐는 엄청난 차이를 가져올 수 있습니다. 많은 사람들이 "나는 다시는 좋은 생일을 보내지 못할 거야"라든가 "이제부터는 항상 내 생일에 먹구름이 끼겠군"이라고 말할 수 있습니다. 하지만 코니는 이렇게 생각할지 모릅니다.

나는 사랑으로 엄마를 기억하고 있어.
나는 감사와 사랑으로 내 생일을 축하해.
나의 탄생과 삶은 어머니에 의해 가능해졌어.
오늘 나는 나의 탄생을 축하하고, 나를 낳아준 엄마에게 감사할 거야.

기념일은 사랑하는 이를 잃은 후에 더 고통스럽게 다가오기도 합니다. 상실 후 우리는 사랑하는 사람이 죽은 날과 같은 새로운 기

념일을 더 추가합니다. 사망 후 1개월, 6개월, 1주기 등 사망을 기리는 모든 날은 중요하지만 고통스럽기도 합니다.

에이드리언은 항상 어머니의 기일에 무엇을 해야 할지 몰랐습니다. 그녀는 바쁘게 지내려고 노력했고, 여행도 다녀보고, 다른 생각을 하기 위해 햇볕을 쬐기도 하는 등 할 수 있는 모든 것을 했습니다. 하지만 고통을 피할 수는 없었습니다. 에이드리언은 결국 고통에서 벗어나는 유일한 길은 고통을 통해서라는 결론에 도달했습니다. 그때부터 그녀는 매년 어머니의 무덤을 찾기로 했습니다.

그다음 몇 년 동안은 어머니의 기일이 되면 무덤 옆에 앉아 펑펑 울면서 가슴에 담아두었던 모든 슬픔을 털어냈습니다. 눈물이 얼굴을 타고 흘러내리며 땅에 뚝뚝 떨어질 때 에이드리언은 왠지 모르게 치유되는 느낌을 받았습니다.

그 해에도 에이드리언은 어머니의 기일에 어머니의 무덤을 찾아 그 앞에 앉아 있었습니다. 그런데 어찌된 일인지 눈물이 나오지 않았습니다. 무엇이 잘못되었는지 한참을 궁금해하고 있는데, 문득 머릿속이 번뜩했습니다. 처음으로 에이드리언은 고통보다는 사랑의 감정이 깃든 장소에서 어머니를 기억하고 있었던 것입니다. 그녀는 완전히 슬퍼했기 때문에 스스로 자유로워지고 새롭고도 사랑스러운 단계에 도달할 수 있었습니다. 이제 그녀는 어머니가 평생 해왔던 역할에 감사할 수 있게 되었습니다.

기념일은 힘과 용기를 잃지 않으리라고 스스로에게 다짐하는 시간이 될 수 있습니다. 물론 사랑하는 사람을 기리는 날이 될 수도 있습니다. 1년 전 또는 몇 년 전의 당신은 다른 사람이었습니다. 하지만 삶은 완전히 바뀌었습니다. 오래전 당신의 일부는 사랑하는 사람과 함께 죽었지만, 당신이 사랑했던 이의 일부가 새로운 당신 안에서 살아가고 있습니다. 이것은 상실이라는 프레임에서 벗어나는 경건한 전환점이 될 수 있습니다. 그리고 다음과 같은 긍정 확언으로 자신을 채워보십시오.

오늘 나는 사랑하는 사람을 기리고 있어.
이번 기념일에 나는 내가 사랑하는 사람을 기쁨과 감사함으로 기억할 거야.

대부분의 사람들에게 휴일은 사랑하는 이와 보내는 단란한 시간을 의미합니다. 그러니 당신이 특별한 누군가를 잃게 되면 당신의 세계는 축하할 만한 본질을 잃게 되는 것과 같습니다. 슬픔은 더 슬프게 느껴지고 외로움이 더 깊어지기 때문에 휴일은 상실감을 확대할 뿐입니다. 많은 사람이 자기 자신을 기억의 희생자라고 느끼지만, 꼭 그럴 필요는 없습니다. 당신은 사랑하는 사람을 어떻게 기억할지 조절할 수 있고, 휴일에 그들을 어떻게 기려야 할지도 조절할 수 있습니다.

어떤 사람들에게는 휴일이나 명절은 아예 존재하지도 않았던 것처럼 무시하는 것이 합리적입니다. 그러나 또 어떤 사람들에게는 휴일을 적절하게 다루는 것이 합리적일 수 있습니다. 과거에 하던 방식을 그대로 고수할 필요는 없습니다. 아무 의미 없이 단순히 과거에 하던 행동을 지속하는 것은 외로움을 배가하는 무의미한 일입니다.

남편이 죽은 후 마리와 그녀의 딸들은 다른 가족과 마찬가지로 계속 남편과 아버지의 빈 자리를 견디기 위해 노력했습니다. 다행히 마리는 자신의 직관에 귀를 기울였고, 무언가 잘못되고 있음을 느꼈습니다. 그녀는 슬픔을 위한 시간이 필요하다는 것을 알았습니다.

"휴일과 명절을 함께 보내는 것은 한 가족인 우리에게는 무엇보다 중요한 일이었습니다. 그런데 갑자기 엄청나게 거대한 구멍이 생긴 거예요. 이제 모든 휴일은 남편이 이 자리에 없다는 사실만을 실감하게 만드는 계기였어요. 우리는 남편이 함께 있을 때와 마찬가지로 명절을 재현하려고 노력했고 그렇게 할 수 있다고 믿었어요. 하지만 결국 남편 없이는 예전 같은 명절을 보낼 수 없다는 걸 금방 알게 되었습니다. 너무 힘들고 슬펐죠." 마리가 말했습니다.

"첫 번째 크리스마스는 '좋아, 이번에는 크리스마스를 예전처럼 보내자'라고 말하며 별다른 저항 없이 넘어갔습니다. 두 번째 크리스마스에는 나무를 세웠지만 트리 장식을 하는 데 일주일이 걸렸습니다. 우리에게는 억지로 행복한 척 애쓰지 않고 온전히 슬퍼할 시간이 필요했습니다. 우리는 모두 여전히 너무나 슬펐습니다. 그 후 몇 년간은 크리스마스를 건너뛰기로 다 함께 뜻을 모았습니다. 그리고 다시 크리스마스를 함께 보내게 되면, 새로운 전통을 시작해보기로 했죠."

마리는 남편을 애도하면서 행복한 척하지 않기로 했습니다. 마리는 아이들을 위해서 무엇이 옳은지 알고 있었고, 딸들이 자신들의 진짜 감정을 존중하도록 가르쳤습니다. 실제로 마리는 명절을 지내지 않으면서 가족들이 더 가까워졌다고 말했습니다. 어느 정도 치유의 시간이 흐른 후, 마리와 그녀의 가족은 이전 방식이 아닌 완전히 새로운 방식으로 다시 휴일과 명절을 축하할 수 있게 되었습니다.

'이런 일이 일어나지 않은 척하자. 모든 게 다 괜찮아질 거야. 슬프더라도 우리는 여전히 즐겁게 시간을 보낼 수 있어'라고 말하며 마리는 다음과 같이 생각했습니다.

우리는 아무런 압박감 없이 서로에게서 기쁨을 발견하고 있어.

휴일이나 기념일 등을 인정하지 않는 것이 어려울 수 있지만, 그렇다고 아닌 걸 그런 척하고 싶지는 않을 겁니다. 평상시에 상실을 느낄 만한 시간과 장소를 틈틈이 마련하여 휴일이나 기념일에는 완전한 모습으로 통합할 수도 있습니다. 저녁식사 전에 기도를 올릴 때 사랑하는 사람을 포함하거나 그들을 위해 촛불을 켤 수도 있겠지요. 사랑하는 사람을 인정하는 간단한 몸짓으로도 마음속에 영원한 사랑을 느낄 수 있습니다. 당신이 상실을 위해 시간을 내고 그것을 인정하는 것은 종종 저항하는 것보다 훨씬 더 쉽습니다. 예를 들면 다음과 같이 생각하는 겁니다.

비록 엄마가 안 계신 첫 번째 추수감사절이지만, 우리는 저녁 식탁에서 사랑을 담아 엄마의 이름을 부르고 기억할 거야.
자매의 이름으로 우리는 촛불을 켜고 엄마에게 사랑을 전할 거야.
우리 마음속에 살아 있는 사랑하는 사람에 대한 좋은 기억이나 재미있는 이야기를 함께 나누자.

당신의 생각은 부정적으로 변할 수도 있고, 슬픔을 느낄 수도 있습니다. 그건 지극히 정상적이고 인간적인 감정입니다. 당신은 매일 사랑하는 사람을 그리워할지도 모릅니다. 외로울 수도 있지요. 당신이 마음에 품고 있는, 그리고 반복적으로 되풀이하는 생각에 집중해보세요. 부정적인 생각을 반복하는 것은 당신이 사랑했던 사람이나 자기 자신을 어둠 속으로 내몰 수 있습니다.

때로는 사랑하는 사람의 죽음이 특정 휴일과 연결될 수 있습니다. 남편이 밸런타인데이 전날, 어머니의 날, 또는 아버지의 날에 사망했을 수 있습니다. 그가 부활절 직후에 죽었거나 그게 그의 마지막 유월절이었다는 사실은 결코 잊지 못할 것입니다. 그때부터 그날은 결코 예전과 똑같지 않을 것입니다. 휴일은 달력에 표시되어 있기 때문에 사랑하는 사람이 특정한 날을 전후하여 사망하지 않았더라도 여전히 그날을 돌이켜보면서 그해 추수감사절이 사랑했던 이의 마지막이었다거나 마지막 크리스마스였다고 생각할 수 있습니다. 어느 쪽이든 이전에 즐거웠던 휴일은 영원히 바뀌어버립니다. 문제는 그날이 사랑했던 이의 추억을 기리는 명절이 될지 아니면 그저 끔찍한 이별의 반복이 될지입니다.

다시는 휴일을 즐기지 못하리라 생각하는 것은 너무나 자연스러운 일입니다. 확실히 이전과 같지 않을 테니까요. 하지만 시간이 지나면 사람들 대부분은 명절이나 기념일을 상실이 아닌 사랑에 대한 증거로 여기며 그 속에서 새로운 의미를 찾을 수 있습니다.

휴일은 상실을 경험한 이후 반드시 넘어야 할 가장 험난한 고비 중 하나입니다. 이때 진정으로 중요한 것은 그 상실감 속에 여전히 사랑이 존재한다는 것입니다. 그리고 다음과 같이 생각해보세요.

이번 휴일에 우리는 상실보다 사랑을 더 존중할 거야.

휴일은 사랑하는 이와의 추억을 온전히 느낄 수 있는 여정의 일부입니다. 사랑하는 이와 함께한 추억에 집중할 수도 있고, 궁극적으로는 당신의 휴가에 대한 기억에 집중할 수도 있습니다.

휴일의 의미를 해석할 때는 먼저 긍정적인 단어를 사용하십시오. 말은 당신을 무너뜨릴 수도, 혹은 아름답게 다듬어줄 수도 있습니다. 슬픔으로 인한 고통은 당신에게 상처를 줄 수 있지만, 긍정적인 생각과 친절함은 당신을 치유할 수 있습니다.

우리는 오늘 가장 달콤한 사랑을 담아 당신을 기억합니다.

질병에 의한 죽음과 마주하는 자세

죽음이 찾아오면 그 원인을 찾으려고 노력하는 것이 매우 일반적입니다. 질병으로 인해 죽음에 직면하는 이들은 오진이라며 현실을 부정하거나, 자기파괴적 행동을 하기도 하고 다른 무언가를 원망하기도 합니다. 죽음이 발생한다는 생각 자체와 쉽게 화해할 수 없기 때문입니다. 응급실에서도 교통사고 직후 의료진이 "좌석 벨트를 매고 있었나요?"라고 묻는 것을 자주 들을 수 있습니다. 누군가가 폐암으로 병원에 입원하면 "그 사람이 흡연자였습니까?"라고 묻습니다. 내가 사랑하는 이들이 죽음을 맞게 된 이유를 찾을 수만 있다면, 그들이 한 일을 피할 수 있고 죽음이 우리를 건너뛸 수도 있다고 여기기 때문입니다.

서양에서는 죽음을 거의 선택 사항이라고 믿는 사람이 꽤 있는 것 같습니다. 물론 세상이 돌아가는 원리는 그렇지 않습니다. 태어났다는 것은 언젠가 죽을 것이라는 불문율에 합의한 것과 같습니다. 태양이 비추는 곳에 그림자가 지듯이, 생명이 있는 곳에는 죽음이 함께합니다. 자신에게는 죽음이 찾아오지 않는다고 여기거나 어떻게든 죽음을 막을 수 있다고 생각하는 것은 마음속에 오만함이 자리 잡고 있기 때문입니다.

《사랑의 블랙홀》이라는 영화에서는 주인공 필에게 똑같은 날이 계속 반복됩니다. 같은 날이 수십 번 반복되는 과정에서 그는 자신의 인생에서 일어나는 같은 상황에 매번 다른 방식으로 대처합니다. 그 과정에서 자신에게 일어나는 사건은 변하지 않지만, 대응 방식이 바뀌면 결국 하루가 바뀌게 된다는 것을 깨닫습니다.

하지만 단 하나 그가 바꾸지 못한 것이 있는데, 그것이 바로 죽음입니다. 필은 죽음을 맞게 되는 노숙자를 만나 그의 운명을 바꾸려고 노력합니다. 같은 하루가 반복되는 동안 필은 그 노숙자에게 돈도 쥐여주고 식당에 데려가 먹을 것도 사주지만, 그는 죽음을 맞습니다. 필의 노력에도 불구하고 노숙자의 죽음이라는 불가피성을 바꾸지는 못합니다. 필은 아무리 자신이 노숙자의 삶을 바꾸려 노력해도 죽음만은 통제할 수 없음을 깨닫습니다.

그러나 많은 사람이 자신의 행동이 바뀌면 죽음을 피할 수 있다고 확신합니다. 하지만 그것은 착각일 뿐입니다. 그렇다고 어차피 죽음을 피할 수는 없으므로 올바른 식사, 운동, 건강한 선택이 다 쓸모없는 짓이라고 말하는 것은 아닙니다. 오히려 잘 먹고, 규칙적으로 운동하고, 긍정적으로 선택하기 위해 노력해야 합니다. 바로 그것이 우리 몸을 소중히 다루고 사랑하는 방법이기 때문입니다. 누군가가 그것을 모순이라고 부를지도 모릅니다. 하지만 우리가 그렇게 행동해야 하는 이유는 그것이 우리 몸에 유익하기 때문입니다. 그런 실천이 당신의 삶을 몇 년 더 연장해줄 수는 있겠지만, 죽음을 피하기 위해 그런 행동을 하지는 마십시오.

당신은 자기 자신의 건강에 책임이 있습니다. 그렇지만 당신의 질병에 대한 책임까지 짊어질 필요는 없습니다. 질병에 대한 원인을 알고 결과를 받아들이는 것은 도움이 되지만, 불치의 병에 걸렸다고 해서 자신을 탓하거나 죽음을 곧 인생의 실패처럼 느껴서는 안 됩니다.

의도하지 않은 일로
스스로를 비난하지 마세요

나쁜 일이 일어나면 우리는 가장 먼저 누구의 잘못인지 찾으려고 합니다.

아니타는 무용을 전공하는 열아홉 살의 대학생이었습니다. 그녀의 기숙사 리더인 캐시 역시 대학원에서 무용을 공부하고 있었습니다. 아니타는 가정적이고 상냥하며 리더십 있게 기숙사 학생들을 이끄는 캐시를 아주 좋아했습니다. 어느 날 아니타가 기숙사로 향하던 중 캐시의 남자친구 버트와 마주쳤습니다.

"혹시 기숙사에서 캐시를 보면 내가 커피숍에 있다고 전해줄래?" 그가 아니타에게 부탁했습니다. 아니타는 기숙사 휴게실에서 캐시를 발견하고는 그녀에게 버트의 메시지를 전해주었습니다. 아니타의 말을 듣고 캐시는 바로 버트를 만나러 기숙사를 나갔습니다. 그 후 아니타는 기숙사 앞 큰 길에서 끔찍한 교통사고가 났다는 이야기를 들었습니다. 교통사고의 희생자는 캐시였고, 그녀는 그 자리에서 숨을 거두었습니다.

아니타가 처음 그 소식을 들었을 때 그녀는 엄청난 충격을 받고 한동안 아무 생각도 할 수 없었습니다. 하지만 조금 시간이 지나자 자신이 캐시에게 메시지를 전해주지 않았다면 그녀가 여전히 살아 있었을 거라는 생각이 들었습니다.

아니타는 캐시의 죽음이 자신 때문이라는 생각에서 빠져나오지 못했습니다. 아무도 그렇게 말하지 않았지만, 그녀는 자기 탓이라고 여겼고 친한 친구 몇 명에게 자신이 느끼는 죄책감을 털어놓았습니다. 친구들은 모두 아니타가 잘못 생각하는 거라며 위로해주었습니다.

"네 잘못이 아니야. 네가 캐시에게 그런 일이 일어날지 어떻게 알았겠어!"

"넌 단지 버트의 부탁을 들어주었을 뿐이야. 넌 그때 친절한 행동을 했던 거야."

아니타는 그들 모두 진실을 말하고 있다는 것을 알았지만, 여전히 책임감을 느꼈습니다. 그리고는 계속 자신에게 말했습니다.

'내가 입을 다물었어야 했어.'

'내가 캐시에게 버트가 기다리고 있다고 알려주지 않았다면, 그녀는 아직 살아 있을 거야.'

이런 생각은 그녀의 마음속에서 고장난 레코드처럼 끊임없이 반복 재생되고 있었습니다. 마음이 약했던 아니타는 실제로 캐시의 죽음에 자신이 중요한 역할을 했다고 믿었습니다. 그리고 그런 부정적인 생각은 끊임없이 그녀를 괴롭혔습니다.

'내가 나타나기 전까지 모든 게 아무 문제 없었어.'

'내가 나빠. 내가 중간에 끼면 상황은 더 나빠져.'

'나는 도움이 되지 않아. 나는 불행을 몰고 다니는 사람이야.'

아니타는 결국 학교를 중퇴했고, 그 후로 몇 번이나 형편없는 관계에 휘말렸습니다. 그다음 5년은 그야말로 생지옥과 같았습니다. 그녀는 알고 지내던 모든 사람과 연락을 끊은 채 돈을 벌기 위해 이런저런 직업을 전전하며 한 곳에 정착하지 못하고 뜨내기처럼 생활을 했습니다.

하지만 운명처럼 발길은 그 모든 일이 일어났던 작은 대학 도시로 그녀를 이끌었습니다. 그리고 그곳에서 석사학위를 받고 모교에서 심리학 교수가 된 버트를 만났습니다. 버트는 그동안 아니타에게 무슨 일이 일어났는지 전혀 모르고 있었습니다. 그러나 우연히 만나 대화를 나누면서 버트는 캐시의 죽음 이후에 그녀의 삶이 끝없이 추락했다는 사실을 알게 되었습니다.

"아니타, 캐시가 죽은 건 네 잘못이 아니야. 네 말대로라면 그녀에게 메시지를 전해달라고 한 내 잘못이 더 클 거야. 너도 알겠지만 내가 캐시를 죽이기 위해 일부러 그런 일을 한 건 아니잖아."

"그건 나도 알아요. 당신이 캐시를 얼마나 사랑했는지 아는데, 왜 그게 당신 잘못이라고 생각하겠어요?" 아니타가 말했습니다.

"그럼, 왜 그게 나한테는 사실이고, 너한테는 사실이 아닌 거지?"

아니타는 갑자기 자기 자신에게 무슨 일을 저지른 건지 깨달았습니다. 그 후로 아니타와 버트는 친한 친구가 되었고, 버트는 아니타와 함께 시간을 보내며 그녀의 생각이 자신의 삶을 나락으로 떨어뜨렸음을 깨닫게 하려고 최선을 다했습니다. 자신의 생각을 인식하는 것이 핵심이었습니다. 아니타는 슬픔을 비난으로 바꿔 자기 자신에게로 돌렸습니다.

결국 아니타는 그 사실을 이해하게 되었고 버트를 포함한 다른 사람들과 함께 대화를 나누었습니다. 버트는 아니타와 캐시의 죽음에 대해 같은 입장에 있었기 때문에 그의 말은 더욱 설득력이 있었습니다.

비난 게임에는 승자도 없을 뿐만 아니라 누구도 마음의 평화를 얻을 수 없습니다. 우리가 사랑하는 사람들은 자신의 죽음으로 우리의 삶이 망가지는 것을 절대로 원하지 않을 것입니다. 죽음은 우리가 자기 자신을 사랑해야 한다는 사실과 함께 우리에게 남아 있는 삶의 의미를 다시금 떠올리게 합니다. 이미 세상을 떠난 사랑하는 이들을 기리기 위해 남은 시간을 의미 있게 사용하는 것 그 자체가 선물입니다.

만약 우리가 다른 사람의 삶과 죽음에 대해 절대적으로 책임을 질 수 있다면, 우리는 그들을 위해 삶을 선택했을 것입니다. 아니타와 캐시에 대해 생각해보세요. 아니타에게 캐시의 죽음에 대한 권한이 주어졌다면, 당연히 캐시가 살아 있도록 선택했을 것입니다. 그러나 캐시가 죽었다는 사실은 죽음은 아니타의 권한 밖에 있었음을 의미합니다. 아니타에게는 다음의 확언이 도움이 될 겁니다.

내가 유일하게 책임져야 할 삶은 내 인생뿐이다.

내 인생은 선물이야.

나는 모든 죄책감과 판단에서 벗어날 거야.

죽음을 긍정적으로 표현하는 연습

유명 호텔에서 총지배인으로 근무하던 잭은 일주일간의 크루즈 여행을 앞두고 잔뜩 들떠서 직장 동료들과 인사를 나누었습니다. 여러 해 동안 단 한 차례도 휴가를 떠나지 못했던 잭은 동료들에게 휴가 기간에는 일에 대해 단 한 순간도 생각하지 않겠다고 다짐했습니다. 동료들 역시 휴가 기간 동안만은 잭이 호텔의 음식은 제대로 준비되고 있는지, 객실은 효율적으로 관리되고 있는지 또는 프론트 데스크는 문제 없이 운영되고 있는지와 같은 업무에서 잠시 벗어나 크루즈에서 즐겁게 시간을 보내기를 바랐습니다. 그의 휴가가 끝나기 사흘 전까지도 호텔의 모든 업무는 순조롭게 잘

진행되고 있었습니다. 물론 그가 자리에 없다는 사실이 아쉽기는 했지만, 모든 사람은 그가 없는 동안 자신들이 아무 문제 없이 호텔을 운영했다는 사실을 자랑스럽게 생각했습니다.

그때 전화기가 울렸습니다. 잭이 배에서 심장마비를 일으켜 그 자리에서 사망했다는 비보를 알리는 전화였습니다. 그의 동료들은 잭의 죽음을 받아들이기 위해 며칠을 보냈고, 본사에서는 충격을 받은 직원들을 위해 상담사를 보내주었습니다. 그들이 말하는 내용을 잘 들어보면 주어진 상황 속에서 그들이 각자 슬픔을 어떻게 처리하고 있는지 매우 잘 드러납니다.

식품 서비스 책임자인 짐은 "나는 결코 휴가를 떠나지 않을 거예요. 정말이지 잭은 단 한 번도 휴가를 내지 않았어요. 그러다가 딱 한 번 휴가를 떠났죠. 그런데 무슨 일이 일어났죠? 죽음이에요"라고 말했습니다.

객실 관리 책임자인 재닛은 "인생이 참 불공평해요. 자기 자신을 돌보고 인생을 즐기려고 하면 이런 일이 일어난다니까요"라고 말했습니다.

또 다른 매니저인 줄리는 "잭은 항상 옳은 일을 하려고 애쓰는 정말 좋은 사람이었어요. 그런데도 그는 버킷리스트를 만들 나이가 되기도 전에 죽었습니다"라고 말했습니다.

잭의 동료들이 한 이야기는 모두 잭의 죽음에 대한 부정적인 해석입니다. 누군가가 너무 빨리 황망한 죽음을 맞았다고 느끼면 우리는 그 죽음의 '이유'를 결코 이해할 수 없을지도 모릅니다. 하지만 이런 부정적인 해석이 자신의 삶에 어떤 영향을 미칠까요? 만약 각각의 삶이 우리에게 교훈을 주기 위해 여기 존재하는 것이라면 어떨까요? 만약 모든 이들의 죽음에도 교훈이 있다면, 잭의 삶을 돌아보고 교훈을 찾을 수 있을까요? 그의 동료들은 그저 그가 자신의 일을 사랑했다고 말할 것입니다. 그렇다면 부정적인 표현 대신 다음과 같이 말해보면 어떨까요?

잭이 인생에서 하고 싶은 일을 했다는 건 정말 대단한 일이야.

우리가 그를 판단한다는 것은 엄밀히 말해 자기 자신에 대한 판단을 하는 것과 같습니다. 우리는 그가 인생을 즐기는 데 많은 시간을 할애하지 않았다는 것을 알 수 있습니다. 그러니 우리는 다음과 같이 말할 수 있습니다.

잭의 삶과 죽음은 우리에게 균형 잡힌 삶을 살라고 말하고 있어.

잭의 죽음을 통해 배울 수 있는 또 다른 교훈은 시간을 내어 중요한 질문을 하는 것입니다.

- 나는 내가 원하는 삶을 살고 있는가?

- 내일 죽는다면 나는 나의 삶을 후회하면서 죽게 될 것인가?
- 이것이 내가 하루를 보내고 싶은 방식인가?
- 삶에서 변화할 시간이 있을 때 나는 어떤 긍정적인 변화를 만들어 낼 것인가?

책임과 비난의 측면을 살펴볼 때, 잭의 삶과 죽음은 우리 모두 균형 잡힌 삶을 살아야 한다는 사실을 일깨워줍니다. 동료들에게 그의 죽음은 비난의 메시지 혹은 부정적인 사고패턴에 대한 경각심으로 해석될 수 있습니다. 다시 말해 그들은 "귀찮게 왜 휴가를 떠나? 어차피 넌 그냥 죽을 거야"와 "내 인생은 선물이야. 나는 직장 생활도, 휴가도 완전히 받아들이고 싶어"라는 두 가지 방식으로 잭의 죽음을 받아들일 수 있습니다.

잭의 사례는 우리가 응당 누려야 할 삶을 살아야 한다는 것을 깨닫게 합니다. 이는 또한 슬픔의 시간을 허용하는 것을 의미합니다. 우리가 자신의 감정을 그대로 흘러가도록 내버려둔다면 어떨까요? 우리가 그 감정들을 오롯이 느끼고, 슬픔이 봄비처럼 우리 자신을 적시고 스쳐 지나가도록 허락하고, 다음에 찾아올 감정을 맞이하는 것은 어떨까요? 이것은 죽은 사람들에 대한 우리의 기억이나 사랑에서 벗어남을 의미하는 게 아닙니다. 오히려 우리는 항상 그들을 향한 따뜻한 마음이 열린 곳으로 이미 와 있으니까요.

당신의 슬픔을 존중하세요

사랑하는 사람의 죽음에 대한 책임이 없다는 것을 깨닫게 되면 종종 "내가 책임질 수 있는 것은 무엇인가?"라는 질문을 받게 됩니다. 이 질문에 대한 분명한 대답은 우리가 책임질 수 있는 것은 바로 자기 자신의 삶이라는 것입니다. 이는 자신이 느끼는 슬픔에 대해서도 책임이 있다는 것을 의미합니다. 그렇다면 자신의 슬픔에 어떻게 책임을 질 수 있을까요? 그것은 바로 자신의 슬픔을 존중하는 것입니다. 이 문제에 대해 호스피스 간호사인 마사의 이야기는 우리에게 많은 것을 생각하게 해줍니다.

마사는 병원 예배당에서 거행된 환자의 장례식에 참석했습니다. 예배가 끝날 무렵 도착한 마사의 상사 알리샤는 마사가 조용히 흐느끼는 것을 보고 깜짝 놀랐습니다. 간호사가 환자의 죽음 앞에서 절망적인 것처럼 보여서는 안 되기 때문에 걱정스러운 마음에 속으로 생각했습니다.

'마사는 호스피스 간호사로는 적합하지 않은 것 같아. 집에 보내야겠어.'

마사가 울음을 그쳤을 때, 알리샤가 마사에게 다가가 괜찮은지 물었습니다.

"나는 마사가 걱정돼요. 오랫동안 이 환자를 돌봤다는 건 알지만, 정말 당황한 것 같거든요. 다시 일할 수 있겠어요?"

그러자 마사가 대답했습니다. "네, 그럼요. 내가 돌보던 환자가 세상을 떠나면 나는 스스로 모든 슬픔을 느껴요. 그럼 나는 다시 일하러 갈 수 있어요. 다음에 맞게 될 순간이나 환자에게 제 감정을 옮기지 않고 제가 온전히 느끼고 싶거든요."

마사는 자신의 슬픔을 인정한다는 것에 대한 핵심을 정확히 알고 있었습니다. 우리는 종종 우리의 모든 슬픔을 그대로 표현하면 그 감정에 압도당할 거라고 생각합니다. 물론 과거에 완전히 해소되지 못한 상실의 슬픔이 더 오래된 상처를 불러올 수도 있습니다. 하지만 만약 우리가 자신이 경험한 상실의 슬픔을 완전히 느낄 수 있다면, 우리는 진정으로 그 순간 안에 있을 수 있고, 인생에서 찾아올 다음 감정으로 나아갈 수 있을 것입니다. 비애가 아닌 슬픔을 존중한다면 고통이나 괴로움은 줄어들 겁니다.

상실이 실제로 일어났으므로 슬픔 역시 진짜 감정입니다. 우리는 슬픔을 피하고 싶다고 생각하지만 실제로 피하고 싶은 것은 상실의 고통입니다. 우리가 슬픔을 왜곡하지 않고 그 감정을 그대로 느낀다면 슬픔은 궁극적으로 힘겨운 고통에 위로를 가져다주는 치유에 이르는 과정이 됩니다.

사랑이 스민 슬픔은 상처 입은 영혼을 치유합니다

슬픔에 대한 처음의 생각을 뛰어넘으면, 우리는 너무나 짧았지만 사랑하는 사람과 함께한 시간에 감사하는 마음을 가질 수 있습니다. 그리고 그 시간 속에 숨겨진 수도 없이 많은 선물을 발견할 수 있습니다.

슬픔에 잠긴 상태에서는 상실로부터 멋진 선물을 받을 수 있다고 생각하기 어렵습니다. 그러니 슬픔에 힘겨워하는 사람을 위로하며 그들에게 애써 밝은 희망을 보라고 하지 마세요. 사랑하는 사람을 잃었을 때 밝은 희망은 존재하지 않습니다. 하지만 시간이 지나고 상실을 받아들이게 되면 상실 속에서 더 깊은 의미를 찾을 수도 있습니다. 그 의미를 종종 엘리자베스 퀴블러 로스가 정리한 슬픔의 다섯 단계(부정-분노-타협-절망-수용)에서 마지막 여섯 번째 단계라고 말하기도 합니다.

이 단계는 다양한 형태로 나타날 수 있지만, 깊게 들여다보면 그것은 바로 긍정 확언의 단계입니다. 비극의 순간에도 사람들이 선택할 수 있는 변화의 너머에 있는 확언은 다음과 같습니다.

나는 이 비극의 피해자가 아니야.
나는 이 경험으로부터 성장할 거야.

상실을 통한 성장의 좋은 사례는 음주 운전자의 차에 치여 열세 살 난 딸을 잃고 '음주운전에 반대하는 엄마들'이라는 단체를 설립한 캔디 라이트너입니다. 캔디는 자신의 상황을 얼마든지 비관하면서 사건의 희생자로 남을 수도 있었습니다. 너무나 비극적인 사고였기에 그녀가 신세를 한탄한다고 해도 들어주지 않을 사람은 아무도 없었겠지만, 그녀는 다른 선택을 했습니다. 그녀는 음주운전에 대한 경각심을 높이기 위해 다양한 활동을 하는 것은 물론 음주운전 예방을 위한 더 엄격한 법률을 통과시키고 더 많은 사람들이 음주운전으로 희생되지 않도록 하는 데 평생을 바쳤습니다.

우리가 사랑하는 이의 죽음 앞에 자신을 비난하지 않고 스스로의 슬픔에 대한 책임을 질 때 자기 안에 있는 위대함을 발견할 수 있습니다. 그 위대함은 슬픔의 힘에서 나옵니다. 슬픔의 치유력을 항상 인식할 수는 없지만, 그것은 대수술 이후 일어나는 육체적 치유만큼이나 놀랍고 특별합니다.

슬픔은 황폐한 삶을 재창조하며, 상처 입은 영혼을 치유하기도 합니다.

당신과 가까운 사람이 아주 큰 상실을 경험했던 때를 떠올려보고, 그 경험 이후에 그 사람이 어떤 삶을 살았는지 생각해보세요. 그런 다음 1년 후, 더 나아가 2년 후의 모습을 기억해보십시오. 비난과 죄책감을 내려놓고 슬픔에 대한 책임을 진다면 기적적인 변화가 일어날 것입니다. 치유가 이루어지지 않았다면 주변의 지나친 잡음 때문에 그 사람의 부정적인 생각에 진정한 치유가 일어나지 않았을 가능성이 큽니다. 그럴 때는 다음과 같은 긍정적인 생각을 떠올려보세요.

사랑이 스민 슬픔은 항상 효과가 있습니다.
사랑이 스민 슬픔은 항상 치유합니다.

자살을 한 사람도 사랑받을 자격이 있습니다

사랑하는 사람이 자살을 한 것은 우리가 겪을 수 있는 가장 힘든 상실 중 하나입니다. 자살의 여파에서 고려해야 할 몇 가지 중요한 사항이 있습니다. 자살로 생을 마감한 사람은 '나쁜' 사람이 아니라는 것입니다. 그 사람의 영혼은 엄청난 고통을 겪었습니다. 그리고 당신이 알지 못하는 이유로 그 영혼은 이번 생을 마치기로 선택했습니다.

당신이 사랑하는 이의 죽음을 막을 수 있는 순간을 놓쳤다고 생각할 수도 있습니다. 하지만 우주가 언제나 우리의 영혼과 영혼의 성장을 지켜보고 있다는 사실을 알아야 합니다. 당신의 생각이나 믿음이 사랑하는 사람의 자살이 끔찍한 실수라고 말하고 있다면, 영적으로 우주는 모든 영혼과 그들의 궤적을 꿰뚫고 있다는 것을 알아야 합니다. 우주는 영혼을 잃어버리거나 깜빡 잊거나 잘못된 장소에 놓은 적이 없습니다.

대형 회계법인의 회계사인 데릭은 10년 동안 자살 방지를 위한 긴급전화 서비스에서 자원봉사자로 일했습니다. 그는 종종 "어떻게 자살하려는 이들과 통화를 하는 일을 견디세요? 누군가를 구할 수 없을 때는 어떻게 하세요?"라는 질문을 받곤 했습니다.

이런 질문을 받으면 데릭은 항상 자신의 할머니에게 들었던 말을 해주곤 합니다.

"할머니는 '모든 사람이 각자 자기 집 현관 앞을 쓸면 세상이 더 깨끗한 곳이 될 수 있단다'라고 말씀하시곤 했죠. 할머니 말씀은 여기저기 돌아다니면서 감 놔라 배 놔라 하라는 얘기가 아니라, 당장 우리 눈앞에 있는 것들을 돌보라는 의미였습니다. 나는 할머니의 그 말씀을 제 인생으로, 그리고 긴급전화 서비스 활동으로 확대했습니다. 내가 자살을 결심한 이들과 대화를 나누고 그들에게 손을 내미는 것이 바로 내 현관 앞을 더 깨끗한 곳으로 만들기 위한 것입니다. 그건 내가 통제할 수 있는 유일한 세상이라고 할 수 있어요." 데릭이 계속 이야기를 해나갔습니다.

"결국 세상에는 세 개의 영역이 존재합니다. 바로 나의 현관과 당신의 현관, 그리고 신의 현관입니다. 내가 할 수 있는 전부는 내 현관 앞을 쓰는 데 집중하는 겁니다. 전화를 걸어온 사람들한테 사랑스럽고 공손한 태도로 이해심을 가지고 친절하게 대하며 연민을 보여주는 것, 바로 그것이 내 현관 앞을 쓰는 행위입니다. 다른 사람들이 나의 이야기를 듣고서 어떤 선택을 하는지는 그들 각자의 몫입니다. 누가 살고 누가 죽느냐는 하느님의 일이에요. 그것은 오직 그분의 현관 앞에만 있죠."

자살에 관한 한 옳고 그름은 없습니다. 단지 우리의 시간이 있을 뿐입니다. 바로 우리가 태어나고 떠날 시간입니다. 이 순간에도 여전히 자기 자신을 사랑하고 있는지 확인해야 합니다. 당신이 어떤 상황에 처했더라도 당신은 사랑받을 자격이 있는 아름다운 인간이라는 믿음을 잃지 마십시오.

당신이 봐야 할 것은 당신의 생각과 감정으로 무엇을 하느냐입니다. 당신의 마음이 다른 사람의 힘겨운 투쟁을 향해 움직이는 것을 알게 된다면 당신이 사랑하는 사람은 더는 그 깊은 고통 속에 있지 않다는 것을 알게 될 것입니다. 이런 상황에서 유용한 몇 가지 긍정 확언은 다음과 같습니다.

내가 사랑하는 사람은 더는 고통 속에 있지 않아.

내가 사랑하는 사람의 영혼은 속박에서 벗어나 자유로워졌어.

사랑하는 사람의 자살을 막을 수도 있었다는 죄책감을 느끼는 것은 드문 일이 아닙니다. 아마도 그 사람이 보낸 어떤 징후나 경고를 놓쳤다고 생각할 수 있습니다. 그럴 경우에는 다음의 확언을 연습해보세요.

나의 모든 죄책감을 나의 더 높은 권능에 바치겠어.
그의 영혼이 계획된 대로 여정을 떠나고 있음을 알고 있어.

사랑하는 사람이 당신에게 이런 경험을 하게 만들었다는 사실에 화가 날 수도 있습니다. 하지만 자살의 희생자는 당신이 아닙니다. 상황이 어떻든 간에 사랑하는 사람이 죽음을 선택한 것은 당신에게 저지른 일이 아닙니다. 때때로 관계에 대한 진실을 기억하고 우리가 통제할 수 있는 것과 통제할 수 없는 것이 있음을 인정하는 것이 도움이 됩니다. 이런 경우에는 다음의 긍정 확언이 도움이 될 수 있습니다.

나는 분노를 놓아주고 하느님께 치유를 구합니다.
우리의 영혼은 지상계를 넘어 영원히 연결되어 있습니다.

당신이 나눈 사랑이 한 사람의 죽음으로 인해 훼손되거나, 상처를 입거나, 피해를 볼 수 없다는 사실을 기억하는 것이 중요합니다. 언젠가 당신이 이번 생에서 어떻게 죽음을 맞는지는 아주 작은 부분일 뿐이라는 것을 이해할 겁니다. 하지만 이런 종류의 죽음은 종종 많은 용서를 요구합니다.

나는 사랑하는 사람이 떠난 것을 용서해.
나는 내가 사랑하는 사람이 이번 생에서 한 모든 것을 용서해.

사랑하는 사람의 몸과 마음이 길을 잃고 고통스러웠음을 인식해야 합니다. 이번 생에서 그 사람에게 물리칠 수 없었던 고통이 있었다는 것을 인정하고 사랑과 연민으로 그 고통을 마주해보세요. 그런 다음 똑같은 사랑과 연민을 가지고 자신의 생각과 행동을 용서해보세요.

내가 하지 않았다고 생각하는 모든 것에 대해 나는 나를 용서해.
나는 내가 해서는 안 된다고 판단한 모든 일에 대해 나는 나를 용서해.
나는 모든 것을 완전히 용서해.
나는 사랑만이 진짜라는 것을 알아.

자신이 어떤 행동을 한 것에 대한 죄책감이나 어떤 행동을 하지 못한 것에 대한 자책감을 치유하는 것은 중요합니다. 죄책감은 당신의 행동을 반영하며, 자책감은 당신이 자기 자신을 어떤 사람으로 인식하고 있는지 말해줍니다. 따라서 사랑하는 이의 자살을 경험한 후에는 다음과 같은 내적 메시지들이 우리를 괴롭힙니다.

'나는 사랑하는 사람 주변에 있을 가치가 없었어.'

'내 삶은 사랑하는 사람에게 중요하지 않았어.'

'사랑하는 사람이 차라리 죽는 편이 더 낫겠다고 생각할 정도로 우리의 결혼생활이나 가족, 그리고 세상은 너무 엉망이었어.'

하지만 이 메시지 중 어느 것도 당신이 누구인지에 대한 진실을 반영하지 않습니다. 그 대신 다음의 확언을 시도해보세요.

나는 나 자신의 가치를 인정해.
이 세상에서 무슨 일이 일어나든 나는 사랑스러워.
나의 영혼의 가치는 항상 소중해.
나의 관계는 신성해.

결국 가장 중요한 것은 다른 사람의 죽음을 우리가 책임질 수 없다는 사실을 깨닫는 것입니다. 하나하나의 영혼이 어떤 교훈을 지녔는지 아무도 알 수 없습니다. 이 생애에서 모든 영혼이 어떤 여행을 해야 하는지 예측할 방법 또한 알지 못합니다. 당신은 진실이라고 온 마음으로 믿고 있는 것으로 다시 돌아올 수 있습니다.

나는 오직 나의 영혼의 여정에 대한 책임이 있을 뿐이야.

자식을 먼저 떠나보낸 부모에게

아이를 잃는 것은 한 개인이 견딜 수 있는 가장 비극적인 트라우마 중 하나라고 합니다. 그토록 고통스러운 상실을 겪은 후, 부모들은 어떻게 완전히 슬퍼하고 치유할 수 있을까요? 아이들의 삶에 책임을 지는 것은 양육의 일환이지만, 아이의 죽음이라는 비극이 닥쳤을 때 어떻게 부모에게 죄책감이나 비난을 내려놓으라고 말할 수 있을까요? 그렇게 말하는 것 자체가 무신경하거나 무정한 것처럼 보이나요?

아이의 죽음은 치유가 상실을 기리는 방법일 뿐만 아니라 생존한 가족에게도 필수적이라는 것을 보여주는 중요한 예입니다. 캔디 라이트너에 관한 이전의 일화에서처럼 우리는 슬픔의 놀라운 힘과 그것이 우리에게 줄 수 있는 선물이 무엇인지 목격했습니다. 사랑하는 딸을 잃은 후에도 캔디는 자신을 치유할 뿐만 아니라 수많은 다른 사람들의 삶에 긍정적 영향을 미치며 슬픔을 뛰어넘는 빛나는 본보기가 되었습니다. 다시 한 번 슬픔의 놀라운 치유력을 깨닫게 해줄 강력한 이야기를 해볼까 합니다. 어머니인 저자의 목소리로 들어봅시다.

제 아들의 마지막 날은 여느 때처럼 시작되었습니다. 노래로 아침잠을 깨우고, 간지럽혀서 몸을 일으켜 옷을 입는 우리만의 아침 의식을 마친 후에 나는 여섯 살 난 제 아들 제시를 데리고 나가서 학교까지 태워다줄 남편의 차에 태웠습니다.

출근을 서두르며 제시에게 작별 인사를 하는데, 서리 낀 내 차 유리창에 글자가 쓰여 있는 게 보였어요. 조그만 손으로 쓴 '사랑해요'라는 글씨가 정성 들여 그린 하트 세 개와 나란히 있었습니다. 그걸 본 제 마음은 사르르 녹았답니다. 그 순간 나는 그 모습을 사진에 담아야겠다는 생각이 들었어요. 그래서 얼른 집으로 뛰어들어가 카메라를 들고 나와서는 제시에게 차 앞에서 포즈를 취하게 한 뒤 아들과 메시지가 최대한 잘 나오게 사진을 찍었습니다.

사진을 찍고 나서 아들은 바로 아빠 차에 올라탔지요. 그 순간이 제 아들이 살아 있는 모습을 본 마지막이었어요.

제시는 샌디훅초등학교의 1학년이었습니다. 2012년 12월 14일, 그날 아침 정신질환을 앓고 있는 한 청년이 학교 정문에서 총을 쏘며 건물 안으로 들어갔습니다. 그 사건으로 제 소중한 아들 제시와 열아홉 명의 다른 학생들, 그리고 여섯 명의 교사와 교직원들이 목숨을 잃었습니다. 나중에야 제시가 위험을 무릅쓰고 같은 학급 친구를 구하다 목숨을 잃었다는 소식을 듣게 되었습니다. 나는 제시가 그렇게 했을 거라고 이미 마음속으로 알고 있었습니다. 제시는 그 누구보다도 용감하고 이타적인 방식으로 사람들을 구할 수 있다고 믿었을 겁니다.

나는 제시의 장례식장에서 그의 작고 하얀 관 바로 뒤에 서서 연설했습니다. 그 후 많은 사람들이 나에게 와서 계속 자신들이 어떻게 도움을 줄 수 있을지 물었습니다. 나는 그들에게 이 모든 비극은 누군가의 분노에 찬 생각에서 시작되었으니 분노로 가득 찬 생각을 사랑으로 다시 채우라고 말했습니다. 결국 그것은 선택의 문제일 뿐입니다. 우선 하루에 한 가지 생각부터 시작해보세요. 그러면 우리는 우리가 살고 있는 이곳을 더 사랑스러운 곳으로 만들 수 있다고 나는 믿습니다.

시간이 지나면서 제 친구들과 심지어 낯선 사람들까지도 이 메시지가 그들의 삶을 어떻게 긍정적으로 바꾸었는지, 그리고 그들이 지금 자신의 가족과 친구들에게 어떻게 그 소식을 전하고 있는지 저에게 계속해서 연락해왔습니다. 단순한 선택일 뿐이지만 이 작은 행동은 자신의 삶은 물론 세상을 바꿀 만큼 강력합니다.

제시와의 추억을 기리고 저 스스로 잊지 않기 위해 나는 이 무분별한 비극에 사랑과 용서로 맞서겠다고 결심했습니다. 우리가 사는 도시, 국가, 전 세계의 사랑과 지원이 쏟아지면서 우리는 사랑 안에서 하나가 되어 악 앞에서 승리할 수 있음을 보여주었습니다. 나는 이 비극이 많은 사람의 삶을 더 나은 방향으로 바꾸어놓았다고 믿습니다. 한 명 한 명의 사람들이 이제 더 사랑스럽고 자비로운 길을 선택하고 있기 때문입니다.

아침에 일어날 때 우리는 모두 선택에 직면합니다. 두려움을 안고 살아갈 것인가, 아니면 믿음을 놓지 않을 것인가? 그러고 나서 우리는 매일 선과 악이 싸우는 세상으로 나아갑니다. 세상에 빛과 사랑을 전하는 것은 우리 각자의 책임이며, 우리는 매일 가지고 있는 모든 생각과 교류를 통해 이를 이루어나갑니다.

죽음은 우리가 삶의 여정에서 겪을 수 있는 가장 힘든 경험 중 하나입니다. 그런 끔찍한 고통에도 불구하고 우리는 사랑하는 사람들을 생각하고 존중하는 다른 방법이 있음을 알 수 있습니다.

예를 들어, 앞에서 이야기했듯이 생일, 기념일 및 기타 휴일은 우리의 사랑이 영원하다는 것을 상기시켜줄 수 있음을 기억해야 합니다.

당신이 만약 슬픔으로 힘겨운 시간을 보내고 있거나 사랑하는 사람과 영적으로 연결된 상태를 유지하고 싶다면 이 장의 마지막 부분에 있는 치유 연습을 시도해보세요.

슬픔을 온전히 느끼면서 비난과 죄책감에 대한 부정적인 생각의 패턴에서 벗어나보세요. 그러면 사랑하는 사람이 어떻게 죽음을 맞았는지와 관계없이 서로의 삶의 여정에서 함께 나눴던 시간에 대한 감사의 마음을 느낄 수 있을 것입니다. 그리고 궁극적으로 사랑의 힘은 죽음으로 무너질 수 없다는 진실과 마주하게 될 것입니다.

다음 장에서는 우리에게 깊은 영향을 미치는 또 다른 유형의 상실, 즉 사랑하는 반려동물의 죽음을 살펴보고, 우리 자신을 치유하고 존중하며 깊은 상실을 인정하는 방법에 대해 알아볼 것입니다.

사랑하는 이의 죽음을 극복하기 위한 치유 수업

조용히 방해받지 않고 앉아 있을 수 있는 장소를 찾으세요. 눈을 감고 호흡에 집중한 채 천천히 숨을 들이쉬고 내쉬어보세요.

마음의 눈으로 사랑하는 사람의 얼굴을 그려보세요. 그리고 행복했던 시기의 그 사람을 만나십시오.

그 사람의 본질이 당신의 내적 공간을 채우도록 하세요. 그 사람의 반짝거리는 눈과 얼굴의 광채를 느끼세요. 그리고 당신과 그 사람이 연결되어 있음을 느껴보세요. 이제 사랑하는 사람에게 하고 싶은 말이 있다면 얘기해보세요. 마음의 속삭임이 느껴진다면 그 사람 역시 똑같이 느끼고 있을 것입니다. 이 연결은 그 사람이 더 이상 자신의 육신에 존재하지 않더라도 끊어지지 않은 상태로 남아 있음을 의미합니다.

이제 그 사람이 당신에게 하고 싶은 말을 조용히 들어보세요. 그 사람이 무슨 말이든 한다면, 다 듣고 난 후에 두 사람 사이에 남아 있는 소중한 연결에 대해 그 사람에게 감사하고 그것을 가슴 속 깊이 불어넣으세요. 마음과 마음을 이어주는 섬세한 끈 하나만 남기고 당신에게 남아 있는 모든 끈을 놓아주세요.

준비되면 다시 호흡에 집중하고, 눈을 뜨고, 몸으로 돌아오세요. 당신이 자리에서 일어서서 그 자리를 걸어 나올 때 사랑하는 사람이 함께 걷는다는 것을 기억하십시오. 궁극적인 진실은 사랑은 절대 죽지 않는다는 것입니다.

이 연습을 하는 동안 무언가 부정적인 감정이 나타났다면 그것을 깨달음의 선물로 받아들이세요. 사랑하는 사람을 용서해야 합니까? 그 사람이 당신을 용서해야 합니까? 당신이 붙들고 있던 비난이나 죄책감이 전달되었나요? 그렇다면 슬픔을 포용하는 것이 치유에 도움이 될 수 있음을 기억하십시오.

Chapter 5

반려동물을
떠나보낸다는 것

반려동물과의 이별은 사람과의 이별과 결코 다르지 않습니다

슬픔은 삶의 자연스러운 반영이며, 우리가 감정과 애착을 느끼는 모든 관계에 존재합니다. 우리는 모두 자신이 사랑하는 사람, 싫어하는 사람, 심지어는 증오하는 사람에 대해서도 애도합니다. 애착이 없으면 슬픔도 느낄 수 없습니다. 그런 맥락에서 우리가 삶에서 정말 애착을 갖고 있는 동물에 대해 슬픈 감정을 느끼지 않으리라 생각하는 것은 참 어리석은 것 같습니다.

반려동물은 우리의 생활공간은 물론이고 침대까지도 함께 쓰는 진정한 가족 구성원입니다. 그럼에도 동물의 죽음에 대해 슬퍼하는 사람들은 종종 자신의 감정에 대해, 그리고 그런 감정을 다른 사람과 공유할 때 매우 신중한 태도를 취합니다. 다른 사람들이 그다지 중요하게 여기지 않는 일종의 '박탈된 슬픔'을 겪고 있다는 것을 본능적으로 알고 있기 때문입니다. 우리 주변에는 "뭐, 사람이 죽은 것도 아니고, 그냥 동물이잖아요" 혹은 "다른 반려동물로 새로 하나 사세요"라고 말하는 사람들이 허다합니다.

실제로 반려동물의 상실로 인한 슬픔은 반려동물을 키우는 사람들만이 느끼는 것인 만큼 모든 사람들이 쉽게 인식하지 못합니다. 많은 사람이 가치 없는 것으로 여기는 슬픔 속에서 살아간다는 것은 어려운 일입니다. 하지만 슬픔은 사랑에 관한 것이며, 우리가 경험할 수 있는 가장 헌신적이고 조건 없는 사랑을 보여주는 존재가 반려동물입니다. 그럼에도 우리는 종종 사회적 판단을 그대로 받아들이면서 '이렇게까지 슬퍼해선 안 돼'라는 생각을 하곤 합니다. 하지만 이런 생각들이 주입될 때, 우리는 우리의 진심을 배반하고 있는 것입니다.

우리가 동물들을 인도적으로 대하려는 확고한 생각을 가지고 있을 때 반려동물을 잃은 슬픔은 더욱 복잡해집니다. 동물들이 삶의 끝자락에서 고통스러워할 때, 우리는 그 동물들이 죽지 않고 함께 있기를 원하면서도 그들이 자기 옆에서 존중받으며 품위 있게 생을 마칠 수 있게 하기 위해 안락사를 선택합니다. 하지만 종종 이것이 올바른 선택인지 의구심이 생길 때 상실을 느끼는 것은 더 어려워집니다.

사람들은 동물에 대해 매우 강렬한 감정을 느낍니다. 유머리스트 윌 로저스가 한 “천국에 개가 없다면 난 죽어서 개들이 갔던 곳으로 가고 싶어요”라는 말에 많은 사람이 공감하는 것을 보면 알 수 있습니다.

엘라에게는 오랫동안 반려동물로 길러온 셰퍼드가 있었습니다. 그 셰퍼드의 이름은 마늘이라는 뜻의 ‘갈릭’이었습니다. 엘라가 열심히 씻겨주었지만 입에서 항상 고약한 냄새를 풍기고 다녔기 때문에 그런 이름이 붙은 것이었죠. 그렇지만 누구나 갈릭을 처음 만나면 그 아름다움에 반해 냄새가 그렇게 고약하지 않다고 말해줄 정도였습니다. 갈릭은 그 동네의 터줏대감 같은 존재였습니다. 누구든 외출할 때면 갈릭에게 “안녕, 갈릭!” 하며 인사를 했습니다.

갈릭이 나이가 들어 죽었을 때, 엘라와 그녀의 가족은 어떻게 갈릭의 죽음을 동네 사람들과 함께 공유할지 고민했습니다. 갈릭이 어린애 장난감이나 테라스 의자처럼 동네에서 그냥 사라져야 한다는 것은 생각조차 할 수 없었습니다. 만약 엘라와 가족들이 갈릭을 잃은 슬픔을 비밀로 한다면, 그녀의 가족은 몇 주, 아니 몇 달간 오다가다 이웃들과 마주치게 될 것이고, 보나마나 이웃들은 “갈릭은 어디 있죠?”라고 물을 겁니다. 그러면 엘라와 가족은 갈릭의 죽음을 반복해서 설명해줘야 할지도 모릅니다.

엘라는 갈릭의 부고를 작성하고 사진을 첨부하여 모든 이웃에게 이메일로 보내기로 했습니다. 그녀는 우리 동네 지킴이 위원회가 가지고 있는 주민들의 명단을 사용했는데, 반려동물의 부고를 알리기 위한 목적으로 동네 위원회의 명단을 사용하는 데 반발이 있을 수도 있다는 약간의 우려가 있었습니다. 그러나 그녀의 가족은 다음의 확언을 마음에 새겼습니다.

우리는 우리의 슬픔을 이웃과 다정하게 나눌 거야.

놀랍게도 거의 모든 사람들이 그 소식을 따뜻하게 받아주었습니다. 엘라가 이웃집에 잠시 들렀는데, 그곳 부엌에 갈릭의 사진이 붙어 있었습니다. 엘라와 그녀의 가족들은 정말 많은 이웃들에게 갈릭의 부고 메일에 대한 답장을 받고 다시 한 번 놀랐습니다. 그 메일 중 하나의 내용은 다음과 같았습니다.

"당신은 저희를 모르겠지만, 우리는 갈릭에 대해 잘 알고 있었어요. 아이들을 학교에서 집으로 데려오면, 매일 4시쯤 갈릭이 우리 집에 오곤 했죠. 우리는 종종 저렇게 다정한 개는 틀림없이 주인도 다정한 분일 거라고 생각했답니다. 곧 만나 뵙고 직접 위로의 말씀을 드리고 싶습니다."

엘라는 사람들이 갈릭의 부고를 쓴 이유를 물을 때마다 "갈릭의 삶은 중요했으니까요. 왜 우리 개의 죽음을 애도하면 안 되는 거죠?"라고 되물었습니다.

갈릭의 죽음으로 그 동네는 바뀌었습니다. 어떤 사람은 갈릭의 장례식에 캐서롤을 가져왔고, 또 어떤 사람은 파이를 가져왔습니다. 그들에게 갈릭은 사랑하는 사람과 다름없었습니다. 누군가는 갈릭의 이름으로 반려동물 자선 단체에 기부하기도 했습니다. 깊은 친밀감과 따뜻함이 동네를 뒤덮었고 갈릭이 떠난 후에도 그 감정은 오래 계속되었습니다.

그들과의 아름다운 추억을 죄책감으로 망치지 마세요

반려동물을 잃으면 사랑하는 사람을 떠나보내는 것과는 다른 독특한 어려움을 겪게 됩니다. 반려동물을 기를 때 우리는 자연스럽게 그 동물의 삶을 보살피는 사람이 됩니다. 아이들을 키우는 것처럼 우리는 반려동물을 돌보고, 안전하게 보호하고, 먹이를 주고, 때로는 그들의 건강과 행복을 챙겨주기도 하죠. 바로 우리가 책임져야 할 대상이라고 여기는 것입니다. 그렇기에 그들의 죽음이 우리 잘못이라고 믿으면서 슬픔이 죄책감으로 변하기 쉽습니다. 하지만 우리가 반려동물을 위해 아무리 최선을 다하더라도 언젠가는 반려동물이 죽을 거라는 사실은 분명합니다. 다음에 전해줄 세릴과 티미의 이야기는 슬픔이 어떻게 죄책감으로 바뀌는지 보여주는 사례입니다.

셰릴이 저녁식사를 하러 집에 돌아와 간식상자를 흔들면서 그녀의 사랑하는 고양이 티미를 부른 날은 수요일이었습니다. 그녀는 계단을 오르는 티미가 제대로 걷지 못하고 고통스러워하는 것을 알아차렸습니다. 셰릴의 남편은 전화를 걸어 24시간 운영하는 동물병원을 알아보았지만, 찾지 못했습니다. 그녀와 남편은 아침까지 티미 옆에 있어주기로 했습니다.

다음 날 아침 티미를 수의사에게 데려가 몇 가지 검사를 한 결과 요로가 막힌 것을 발견했습니다. 수의사는 티미를 하룻밤 지켜봐야겠다고 하면서 셰릴과 남편에게 티미의 상태를 바로바로 알려주겠다고 약속했습니다. 부부는 그제야 안심할 수 있었습니다.

오후에 셰릴은 일곱 살 난 딸을 친구들과 함께 동네 수영장에 데려 갔습니다. 그러고 난 뒤에 집으로 돌아오는 길에 수의사에게 전화를 걸어 티미의 상태를 물어보았습니다. 수의사의 대답은 티미가 불과 20분 전에 세상을 떠났다는 것이었습니다. 이 소식을 들은 셰릴은 너무나 놀랐습니다. 수의사가 휴대전화가 아니라 집에 메시지를 남겼던 모양입니다.

충격으로 셰릴의 온몸에는 부정적인 생각과 반응이 가득 차 올랐습니다. 그녀는 집까지 어떻게 운전을 해서 왔는지 기억조차 할 수 없었습니다. 집안에 들어서자 셰릴의 몸은 그대로 무너져 내렸습니다.

"어떻게 이런 일이 일어난 거지?"라고 그녀는 계속해서 자문했습니다. 조금 전 티미의 작은 심장이 멈췄고, 셰릴과 나머지 가족들은 엄청난 충격에 휩싸인 채 남겨졌습니다. 티미는 그들에게 한 마리의 고양이 이상이었습니다. 티미는 그들의 가족이자 친구였습니다.

이렇게 큰 슬픔을 경험하면 죄책감과 여러 의문점들이 거의 즉각적으로 떠오릅니다.

'한밤중에 직접 차를 몰고 병원을 찾아나서야 했어. 왜 안 했지? 식단이 문제였을까? 우리가 음식을 잘못 먹였나? 우리가 선물로 준 크리스마스 햄에 대한 반응이 늦게 나타난 걸까? 소금이 너무 많이 들어갔었나? 왜 티미가 물을 너무 많이 마신다는 것을 눈치채지 못했을까? 어떻게 티미가 죽어가는 동안 수영장 옆에서 편히 쉴 수 있었을까?'

죄책감에서 비롯된 질문이 끝도 없이 셰릴을 괴롭혔습니다. 가족들은 뒤뜰에 있는 나무 앞에 티미를 묻었고 셰릴은 그곳에 가서 명상을 하곤 했습니다. 어느 날 오후 그녀는 뒤뜰에서 티미에게 이야기하기 시작했습니다. 티미를 구하기 위해 더 많은 일을 하지 못한 것 같아서 얼마나 미안한지 모른다고 말해주었습니다. 그녀는 이렇게 회상했습니다.

"심호흡을 몇 번 하자 갑자기 차분한 느낌이 들었습니다. 그 순간 '자신을 용서하세요. 당신은 잘못한 게 없어요. 나는 당신이 나를 얼마나 사랑했는지 알고 있고, 내 영은 여전히 이곳에 깃들어 있습니다'라는 소리가 들렸습니다. 처음에는 그저 환청이라고 생각했지만, 만약 그게 환청이라면 어떻게 그렇게 평화로운 기분이 들었을까요? 나는 티미가 그동안 내가 느꼈던 죄책감과 분노를 놓아주도록 도와주었다고 믿고 있어요."

셰릴은 티미로부터 메시지를 받은 후 이렇게 말했습니다.

"제가 느끼는 슬픔은 실제로는 축복이었지만, 그 당시에는 전혀 깨닫지 못하고 있었어요. 나는 삶의 의미를 잃어버렸고 주변에 사랑하는 사람이 있다는 것을 당연하게 여기고 있었습니다! 생명이 얼마나 소중한지 잊고 있었던 거죠. 슬픔은 우리 모두를 더 가깝게 만들고 우리를 더욱 단단하게 결속시켰습니다. 나는 마음에서 마음으로 이어지는 조건 없는 사랑의 선물을 받았습니다. 그것이 인생에서 가장 중요한 사랑입니다. 따라서 우리가 조건 없이 티미를 사랑했듯이, 사랑하는 사람을 더 곁에 두고 사랑해야 합니다!"

셰릴은 다음과 같은 긍정 확언을 추가했습니다.

나는 나 자신을 용서하고 우리 모두를 자유롭게 해줄 거야.

나는 티미가 우리에게 준 조건 없는 사랑에 집중할 거야.

며칠 후 셰릴은 몸이 한결 가벼워지는 것을 느끼기 시작했습니다. 그녀는 티미가 영원히 그녀의 가슴속에 자리할 것이며, 천국에서 다시 티미를 만나게 되리라 믿고 있습니다.

우리는 사랑하는 사람과 헤어진 순간 못지않게 반려동물을 잃었을 때에도 자신의 생각에 집중해야 합니다. 우리는 우리의 선함과 진정한 정체성을 상기하기 위해 긍정 확언을 사용합니다. 그런데 반려동물은 우리의 정체성을 잘 알고 있습니다. 그것이 그들의 사랑을 조건 없이 만드는 것입니다.

반려동물을 잃은 슬픔에 빠져 우리는 고양이가 물을 너무 많이 마신다는 것을 알아차리지 못한 이유나 건강에 해로운 간식을 주는 것이 얼마나 어리석었는지를 되돌아봅니다. 하지만 반려동물이 종종 해로운 간식을 받아먹었다고 죽지는 않습니다. 여러 날 물을 제대로 먹지 못했다고 죽지도 않습니다. 우리가 왜곡된 사고로 과거를 돌이켜보면서 반려동물의 죽음을 초래한 것들을 하나씩 떠올려봐야 그것은 우리가 그저 '나쁜 사람'이라는 증거를 모으는 행위에 지나지 않습니다. 티미는 셰릴에게 다음과 같은 진실을 일깨워주었습니다.

자신을 용서하세요. 당신은 잘못한 게 없어요.
나는 당신이 나를 얼마나 사랑했는지 알고 있고,
내 영은 여전히 이곳에 깃들어 있습니다.

우리가 사람들과 관계를 맺을 때, 그 관계가 한 달이 될지, 50년이 될지는 아무도 알 수 없습니다. 반려동물들도 마찬가지입니다. 놀라운 차이점 중 하나는 때때로 반려동물들은 자신들의 삶이 서서히 끝나가고 있음을 느낀다는 것입니다. 개나 고양이가 병에 걸리면 죽을 때까지 틀어박혀 스스로 고립되어 지낸다는 이야기를 많이 들어보았을 것입니다. 반려동물이 사고로 인해 언제 죽을지 알 수 있다면 어떨까요? 호머라는 개에 관한 이야기가 바로 그러한 예입니다.

호머는 호리호리한 몸에 갈색과 검은색의 짧은 털이 덮여 있었고, 주위의 모든 감정에 반응하는 듯한 커다란 갈색 눈동자를 지니고 있었습니다. 그의 주인인 앤디는 자신의 세상이 완전히 바뀌었던 그날을 기억하며 말했습니다.

"어느 금요일에 제가 거의 10년 동안 기르던 사랑하는 호머가 우리 집 앞에서 차에 치여 죽었습니다. 그날 도로에서 차를 못 봤던 게 틀림없어요. 워낙 길눈이 밝아서 차를 잘 피했었거든요. 아내와 나는 엄청난 충격으로 슬픔에 잠겼습니다. 매일 긍정 확언과 미러 워크를 실천하면서 명상을 하곤 했어요. 그런데 나는 호머가 떠날 거라는 느낌을 받았던 것 같아요. 갑작스럽게 떠나보내는 것이 아니라 저 스스로 서서히 다가올 이별을 준비하고 있었습니다."

"호머의 죽음 후에 나는 울지 않고는 20분 이상을 걷기 힘든 지경이었습니다. 어느 날 오후 나는 동물의 영과 소통을 한다는 사람에게 연락해 도움을 청했습니다. 그녀는 자신이 호머의 영과 연결되었다고 말했는데, 호머가 말하길 저에게 계속 떠날 거라고 말하려 했지만 제가 그 사실을 믿고 싶어 하지 않았다고 했습니다. 그 차 사고는 자신이 떠날 무렵의 아주 작은 이야기에 불과하다고 말했어요. 호머는 어떻게든 떠나려고 했다고."

"호머는 또한 자신이 충분히 오랫동안 나를 지지해주었다고 말했습니다. 호머의 이야기를 들은 후 나는 아주 긴 일기를 써내려갔습니다. 나는 인생의 대부분을 우울증과 부정적인 생각에 시달렸습니다. 내가 우는 것은 들은 것은 오직 호머뿐이었습니다. 호머는 내가 더는 그처럼 고통스러운 세상에 있지 않다는 것을 알고는 자신의 임무를 다했다고 생각한 것입니다. 나는 정말 놀라운 축복을 느꼈고 하루종일 눈물을 흘리지 않았습니다. 나는 호머의 장난감이나 호머가 활기차게 뛰어놀던 마당, 호머와 함께 시간을 보냈던 모든 장소를 바라볼 수 있게 되었습니다. 그리고 이제 슬픔이 아니라 그 모든 곳에서 넘실거리던 기쁨을 느낄 수 있었습니다."

또한 앤디는 페이스북에서 멋진 댓글들과 개인 메시지를 받았습니다.

"페이스북에는 생일을 축하하는 댓글이나 메시지만 가득한 줄 알았어요. 하지만 반려동물의 죽음에 대한 게시글에 달린 댓글에 비하면 아무것도 아니더라고요. 호머는 내가 생각한 것 이상으로 많은 이들의 삶에 영향을 미쳤습니다. 그리고 지금도 그 사실에는 변함이 없답니다."

사랑하는 사람이 죽을 때와 마찬가지로 반려동물이 죽을 때 우리가 느끼는 슬픔을 온전히 수용하면 그로 인해 놀라운 교훈을 얻을 수 있습니다. 호머가 죽은 후 앤디는 밤마다 잠을 설치며 울었습니다. 그러던 어느 날 밤 잠자리에 들기 전에 비애와 슬픔으로 잠을 뒤척이게 될 거라고 생각하며 스스로에게 반복했습니다.

나는 호머가 나에게 준 모든 선물을 기억할 거야.

앤디는 사랑하는 반려동물인 호머에게 배운 모든 긍정적인 교훈을 기록하기로 했습니다. 우리는 그것들이 호머뿐만 아니라 종종 우리 모두에게도 적용된다고 믿습니다.

많은 사람이 우리가 죽으면 우리보다 앞서 떠난 사랑했던 모든 이들과 반려동물을 다시 만날 거라고 믿습니다. 우리는 죽음이 공허함보다는 충만함으로 다가올 것이라는 개념을 받아들이고 있습니다. 다시 말해 우리 중 누군가가 이 지상을 떠나는 순간, 반려동물이 우리를 맞이하는 장면을 상상해봅시다. 그 사랑스러운 얼굴, 그리고 당신에게 꼬리를 살랑살랑 흔들어주는 모습을 다시 볼 수만 있다면 얼마나 좋을까요! 여기저기서 반갑다고 짖는 소리, 야

옹거리는 소리, 지저귀는 소리, 끙끙대는 소리, 킁킁거리는 소리 등 온갖 사랑스러운 소리가 들립니다. 우리가 죽으면 도착하는 그곳은 얼마나 사랑스러울까요.

나는 나의 반려동물이 내게 남겨준 모든 선물을 받아들일 거야.
나는 우리가 공유한 모든 경험에 감사해.
나의 귀여운 반려동물은 항상 내 사랑에 둘러싸여 있을 거야.

반려동물을 잃은 이들을 위한 치유 수업

다음의 내용은 호머를 떠나보내며 앤디가 사용했던 긍정 확언입니다. 앤디가 긍정 확언을 어떻게 사용했는지 살펴보며 자신의 경우에도 적용해봅시다.

나는 현재 이 순간을 살 거야.

현재 이 순간이야말로 가장 중요한 시간이며, 호머는 이 가르침을 전하는 완벽한 선생님입니다. 호머는 매일 아침 침대에서 뛰어내리며 그날 하루를 간절히 바라고 준비했습니다. 그는 결코 원한을 품지 않았고, 과거에 갇혀 있지 않았죠. 호머는 오랫동안 못 만난 친구를 만난 듯이 매 순간을 소중하게 맞이했습니다.

나는 모든 것을 처음 경험하는 사람처럼 살 거야.

호머는 매일 매일의 식사와 간식, 산책, 그리고 사람들을 넘치는 활력과 흥분, 그리고 기쁨으로 대했습니다. 그의 에너지와 열정은 전염력이 있었습니다. 모든 것이 축복이었어요. 호머는 생에 대한 열의가 대단했습니다.

나는 내가 원하는 것을 요구할 거야.

호머는 자신의 요구를 표현하는 데 달인이었습니다. 호머는 앉거나, 응시하거나, 조르거나, 침을 흘리곤 했습니다. 자신이 원하는 것을 얻는 데 필요한 것이 무엇이든, 한 번도 실패한 적이 없었습니다. 호머의 인내와 끈기는 실로 놀라웠죠. 사람들은 항상 그에게 굴복하고, 선물을 주고, 쓰다듬어주거나, 함께 공놀이를 즐기곤 했습니다.

나는 조건 없는 사랑을 주고받아.

사랑을 주고받으십시오. 사랑을 이어주는 연결 통로가 되어보세요. 호머는 다른 개들도 좋아했지만, 사람들을 정말 사랑했습니다. 특히 코를 대고 킁킁거리고 사람들 냄새를 맡는 것을 아주 좋아했습니다. 산책 중에 낯선 이가 쓰다듬어줄 때만큼 호머의 눈빛이 반짝거리던 때는 없었습니다.

나는 다른 사람이나 나 자신을 판단하지 않아.

자기 자신이나 다른 사람을 판단하지 마십시오. 대부분의 시간 동안 호머는 그야말로 진정한 (불교의) 선의 달인이었습니다. 너무나도 친근하고 느긋하고 편안했습니다. 호머는 모든 사람을 받아들였고, 또한 그 누구도 변하기를 원하지 않았습니다.

Chapter 6

보이지 않는
것들로부터의 상실

불임과 유산, 누구의 잘못도 아닙니다

이별, 이혼, 죽음 외에도 많은 종류의 상실이 있습니다. 유산이나 실직 등 살면서 누구나 한 번쯤 겪는 상실의 경험도 있고, 이상적인 직업이나 배우자 또는 원하는 몸매를 얻지 못한 것처럼 분명하게 잘 드러나지 않는 상실의 경험도 있습니다. 우리는 잃어버린 것을 슬퍼해야 하지만, 어떤 경우에는 결코 존재하지 않거나 혹은 없어질 것을 슬퍼해야 합니다.

많은 사람들에게 이러한 상실은 살면서 상당 기간 함께해온 것들이기에 모든 유형의 슬픔을 검토하고 치유할 가치가 있습니다. 예를 들어 가까운 사람이 아이를 유산했을 때 우리는 그것을 슬픔에 빠질 수 있는 중요한 사건으로 인식합니다. 치유의 시간이 필요한 진정한 상실이기 때문입니다. 반면에 눈에 띄지 않는 상실은 종종 뒷전으로 밀려나면서 비참한 감정까지 느끼게 합니다. 슬픔의 치유력이 작용하도록 하면 눈에 띄지 않는 상실을 마주할 수 있습니다. 이처럼 자신이 경험한 상실에 빛을 비추면 더 깊은 수준의 치유를 얻을 수 있습니다.

우리 삶에는 종종 당연하게 여기는 것들이 있습니다. 가령 어린 여자아이들은 인형을 가지고 놀면서 자기도 자라면 언제든 아기를 가질 수 있다고 생각합니다. 신체의 생물학적 시계가 멈출 수도 있고, 임신할 수 없을 수도 있으며, 때로는 임신이 성공하지 못할 수도 있다는 것을 절대 상상하지 않습니다. 아울러 어떤 사람들이 그런 일을 두고 불러일으키는 수치심과 낙인의 정도 역시 예상할 수도 없습니다. 아이를 원하면서도 임신을 하지 못할 때, 여성들은 자신이 여성으로서 역할을 다하지 못한다고 여기거나 배우자를 실망시켰다고 느낄 수 있습니다. 그런 종류의 애착을 상실하는 데 따른 개인적인 슬픔은 예측할 수 없을 것입니다.

아주 어렸을 때부터 제인은 언젠가 자신은 훌륭한 엄마가 될 거라는 믿음을 가지고 있었습니다. 그리고 수년이 흘러 그녀는 도널드라는 이름의 멋진 남자를 만났습니다. 두 사람은 모두 가정적인 이들이었고, 당연히 결혼을 하면 아이를 갖기를 원했습니다.

결혼 후 몇 년이 지나 제인과 도널드는 이제 아이를 가질 때가 되었다고 결정했지만, 석 달이 지나도록 임신이 되지 않았습니다. 그녀는 몇 달 더 지켜보고 그 이후에도 임신이 되지 않는다면 의사와 상담을 해봐야겠다고 생각했습니다.

몇 달이 더 지나고 나서 결국 그녀는 의사와 진료 예약을 잡았습니다. 그러나 도널드에게는 당분간 비밀로 하기로 했습니다. 의사가 몇 가지 검사를 했지만, 결과는 그다지 희망적이지 않았습니다. 그래서 제인은 도널드에게 사실대로 털어놓았고, 도널드 역시 검사를 받았지만 결과는 그에게 문제가 없다는 것이었습니다. 마침내 제인은 불임 치료를 받기 시작했습니다. 그와 동시에 그녀의 무의식적인 부정적 자기 대화도 시작되었습니다.

'나는 모자란 여자야. 나에게 문제가 있어.'

그녀의 마음속에서 늘 이런 생각이 배경음악처럼 깔렸습니다. 남편은 그런 상황에 크게 당황하지 않은 것처럼 보였지만, 제인은 몹시 힘들게 받아들였습니다.

치료를 시작한 지 한달째 되던 3월 4일은 그녀의 생일이었습니다. 도널드는 그녀에게 생일 날짜가 적힌 멋진 반지를 선물로 주었지만, 반지에 날짜가 '3/4'가 아니라 '4/3'이라고 잘못 새겨져 있었습니다. 제인은 반지가 무척 마음에 들었지만, 보석상에 가지고 가서 날짜를 다시 고쳐야겠다고 생각했습니다. 하지만 더 큰 사건이 생기는 바람에 결국 실행에 옮기지는 못했습니다. 제인이 임신을 한 것입니다.

마침내 그녀의 세상이 다시 중심을 잡았고, 곧 아기를 만나게 된다는 생각에 제인은 너무 감격했습니다. 그러나 불행히도 임신은 그녀의 운명이 아니었던지 결국 유산을 하고 말았습니다. 그녀는 충격에서 헤어나오지 못한 채 슬픔에 완전히 압도당했습니다. 도널드는 곁에서 힘이 되어주었고, 아이를 입양할 수 있다고도 말했습니다.

제인의 어머니는 제인에게는 태어나지 못한 아이를 온전히 슬퍼할 시간이 필요하다고 이야기해주었습니다. 절망 속에서 제인은 어머니의 말이 옳다는 것을 깨달았습니다. 그녀는 아이를 얻으려 노력하는 과정에서 너무나 아픈 감정을 경험했습니다. 슬픔과 치유가 필요한 상실이었습니다. 제인은 슬픔을 느끼기 위해 시간을 할애하여 스스로에게 말했습니다.

나는 태어나지 않은 아이를 잃은 상실을 존중해.
모든 것은 원래 예정된 대로 펼쳐지고 있어.

도널드는 입양에 마음이 열려 있었지만 제인은 아직 준비가 되어 있지 않았습니다. 그녀는 여전히 부정적인 자기 대화에 귀를 기울이고 있었습니다.

'내 몸은 고장났어. 나는 진짜 엄마가 될 수 없어.'

그녀는 마음이 하는 말을 들으면 들을수록 왜곡된 생각이 자신에게 얼마나 잔인한 말을 건네고 있는지 알 수 있었습니다. 제인은 즉시 생각을 바꿔야 한다는 것을 깨달았고, 다음과 같은 확언을 되풀이했습니다.

나는 나의 몸을 용서해.
나의 몸은 주어진 대로 모든 것을 다하고 있어.
나의 몸은 건강해.
나의 몸은 관련된 모든 이들의 가장 큰 이로움을 위해 완벽한 상황으로 나를 이끌고 있어.

엄마가 되는 것과 관련하여 그녀는 다음과 같이 이야기했습니다.

나는 엄마가 될 자격이 있어.
진정한 어머니는 사랑할 수 있는 능력으로 정의되는 거야.

1년 만에 제인은 모든 것과 화해했고, 도널드와 함께 진지하게 입양 절차를 밟았습니다. 그들은 다이애나라는 이름의 예쁜 소녀를 입양해서 집으로 데리고 왔습니다. 그런데 놀랍게도 다이애나의 생일이 4월 3일이었습니다. 이 날짜는 제인이 항상 끼고 있던 반지에 새겨져 있는 날짜였습니다. 언젠가 그녀의 생일에 맞게 다시 고쳐 새겨 넣으려고 했지만 미처 하지 못했던 바로 그 날짜였습니다. 제인은 다이애나가 기적처럼 그녀의 세상에 왔다고 느낍니다.

제인은 자신의 기도가 응답을 받았거나 아이를 낳았다면 지금 그녀의 딸이 된 사랑스러운 다이애나를 만나지 못했을 거라고 생각하며 이야기합니다.

"이제 나는 다이애나가 나의 운명이라는 것을 알았습니다."

제인은 모성의 진정한 본질을 깨닫고 자신의 몸을 용서하는 것에 대한 중요성을 인식했습니다. 슬픔을 겪는 과정을 스스로 겪어야 한다는 것도 알게 되었습니다.

제인의 이야기는 행복한 결말을 맺었습니다. 그녀가 배운 교훈 중 하나는 슬픔을 인식하고 존중해야 한다는 것입니다. 불임이나 유산을 경험한 사람들은 슬픔을 충분히 느끼지 못할 수도 있습니다. 배우자나 부모와 같이 여성과 가장 가까운 사람들조차도 그러한 상실이 아이를 잃은 엄마에게 미치는 영향을 이해하지 못할 수 있습니다. 이 세상에서 자신이 누구를 사랑해야 할지 알 수 없는 것처럼, 겪어보지 않으면 그 누구도 어머니가 느끼는 고통의 깊이를 알 수 없습니다. 자신이 직접 아이를 낳아서 어머니가 될 수도 있지만, 제인의 사례에서처럼 입양을 통해 어머니가 될 수도 있습니다.

♦ ♦ ♦

많은 여성이 폐경기에 이르러 이제 아이를 낳을 기회가 완전히 사라졌고 더 이상 아이를 더 가질 수 없다는 생각에 슬픔이 고개를 들기 시작했다고 말합니다. 어떤 여성들은 자신의 여성성이 감소했다고 잘못 생각하기도 합니다. 당신이 삶에서 어떤 변화를 경험했든 내면을 들여다보면서 상실을 존중하고, 슬픔을 완전히 느끼며, 부정적인 생각이 들러붙지 못하도록 노력해야 합니다. 그러기 위해 다음의 확언을 들여다보십시오.

나의 몸이 변할수록 나의 여성성은 더욱 커진다.
나의 인생은 사랑과 배움의 놀라운 여정이다.

당신은 궁극적으로 자신에게 주어진 삶의 환경을 뛰어넘는 존재라는 사실을 알게 될 것입니다. 당신의 본질은 몸에서 일어나는 그 어떤 것보다도 웅대합니다. 아이가 있든 없든 당신은 언제나 놀라운 존재입니다. 자녀를 양육하는 동안 믿을 수 없을 만큼 훌륭하지만 그 이후에도 더없이 훌륭합니다.

나는 매일 더 아름답고 놀라운 여자가 되고 있어.

당신이 하는 일보다 더 소중한 것은

상실의 유형 중에서 사람들에게 큰 영향을 미치는 것 중 하나는 실직입니다. '행위'와 '존재'를 혼동하는 세상에 살고 있는 우리에게 이것은 놀라운 일도 아닙니다. 자신이 하는 일이 바로 자기 자신이라는 잘못된 생각을 가지고 있는 사람들이 많습니다.

새로운 사람을 만날 때 우리가 서로에게 묻는 첫 번째 질문 중 하나는 "당신은 무슨 일을 하나요?"입니다. 생계를 위해 하는 일에 너무나 많은 가치를 부여하다 보니, 자신이 하던 '일'이 없어질 때 우리는 '이제 나는 누구인가?' 하는 의문을 품게 됩니다.

2008년에 대니는 그가 일하는 의료장비 회사에 출근하여 여느 때처럼 사무실로 걸려온 전화를 받으며 아침 업무를 시작했습니다. 같은 회사에서 30년째 일을 해온 그에게 회사에서 일상적으로 마주치는 어지간한 문제들은 대부분 전혀 어렵지 않았습니다. 그날에도 벌써 수십 건의 문제를 해결한 상태였습니다. 그의 일은 매우 잘 닦여진 탄탄대로였고, 사무실은 그에게 두 번째 집이나 다름없었습니다.

그날 오후에는 대니의 상사인 키이스와 월례회의가 예정되어 있었습니다. 그가 평상시와 다름 없이 파일을 들고 회의실 안으로 들어갔을 때, 인사부 책임자인 린다가 키이스 옆에 앉아 있는 모습이 눈에 들어왔습니다. 키이스는 대니를 보더니 자리에서 일어나 "나는 잠시 자리를 비울 테니 둘이서 얘기 나누게"라고 말했습니다. 대니는 그 상황을 대수롭게 여기지 않았습니다. 직원들 문제로 수년 전부터 여러 차례 인사 담당자와 회의를 해왔으니까요. 그는 단지 자신의 직원 중 한 명이 사고를 쳤을 거라고 생각했습니다.

대니가 자리에 앉자 린다가 말했습니다

"미안하지만, 이제 당신을 보내드려야 할 것 같아요. 지난 몇 번의 합병을 거치는 동안 CEO와 경영진 측에서는 충분히 재능 있는 사람이 있는데, 당신과 업무가 상당 부분 중복된다고 생각해요."

아무런 준비 없이 해고 통지를 받고 당황한 대니에게 린다가 계속 이야기했습니다.

"앞으로 2주 동안은 더 근무하시고, 퇴사할 때 3개월 치 급여를

퇴직금으로 지급하겠습니다."

"정말 확실한 건가요? 이 문제에 대해 키이스와 얘길 좀 나눠봐도 될까요? 아마 마음을 바꿀지도 몰라요."

대니의 말에 린다가 그의 손을 잡으며 말했습니다.

"그가 한번 결심하면 바꿀 수 없다는 거 알고 있잖아요. 그냥 받아들여요, 대니."

그 후 2주 동안 그는 지난 30년 동안 아침저녁으로 오가던 출퇴근길을 운전했습니다. 그리고 마지막 날 그는 소지품을 챙기며 사무실을 둘러보았습니다.

다행히 그의 아내 멜리사는 수년간 긍정 확언을 실천해왔습니다. 멜리사는 대니에게 상실은 인정하되 자기 자신에 대한 부정적인 믿음은 받아들이지 말라고 당부했습니다. 두 사람은 긍정적인 측면에 초점을 맞추고 다음과 같은 확언을 실천했습니다.

나의 재능과 능력은 건재하다.

모든 상황은 훌륭하다.

나는 안전하다.

"우리는 우리가 하는 생각과 말을 주의 깊게 살펴야 해요." 멜리사가 대니에게 말했습니다. 그들은 함께 서로를 올바르게 이끌었습니다. 친구와 가족들이 좋은 뜻에서 대니의 상황을 안타까워하며 "요즘 일자리 시장이 정말 최악이라던데"라고 말했지만, 두 사람은 "우리는 그런 말을 믿지 않기로 했어"라고 부드럽게 대답하곤 했습니다.

대니와 멜리사는 상실을 진심으로 받아들이고 슬퍼했습니다. 하지만 가난과 결핍의 세상을 믿는 것은 단호히 거절했습니다. 그 대신 그들은 다음과 같이 확언했습니다.

우주는 마음이 후하고 넉넉해.

대니는 슬픔을 온전하게 느꼈고 은혜와 용기로 고통에 맞섰습니다. 그가 새로운 기회에 마음을 열자 두려움과 공포는 크게 가라앉았고, 새로운 기회가 그에게 찾아왔습니다. 회사를 떠난 지 2주 만에 그는 계약직을 제안을 받았고, 결국 평판이 좋은 회사에서 정규직으로 일하게 되었습니다.

직장을 잃었을 때 자주 듣는 말 중 하나는 '그건 개인적인 일이 아니야'라는 말입니다. 그런데 그 말은 고용주에게 개인적인 일이 아니란 뜻입니다. 당연히 직원인 당신에게 직장을 잃는 것은 절대적으로 개인적인 일입니다. 당신이 다니던 회사에서 큰 가치가 있다고 믿고 있었는데, 회사에서 실제로 당신 없이도 업무가 잘 돌아간다고 말했다면 두고두고 잊을 수 없을 겁니다. 그런 상황에서 자신이 무가치하다고 느끼게 되는 것은 너무나 당연합니다.

업무 상황이 진짜 개인적인 일이라고 느껴지는 순간, 이제 치유는 당신의 일이 된다는 것을 잊지 마십시오. 그런 순간에 스스로에게 이렇게 말해보면 어떨까요?

나는 가치 있는 존재야.

결코 잊지 말아야 할 것은 당신이 가치 있는 이유는 당신이 하는 일 때문이 아니라, 당신의 존재 자체가 가치 있기 때문이라는 사실입니다. 그리고 다음의 확언을 명심하세요.

나의 가치는 그 어떤 직업보다도 훨씬 뛰어나다.

자신의 눈앞에서 방금 벌어진 일이 실제로 일어났다는 사실을 받아들이고 그런 현실과 화해하는 것은 실직한 상황에 대처할 때 가장 어려운 부분입니다. 일어난 일을 바꿀 수는 없지만, 긍정적이고 생산적인 방식으로 받아들이고 슬퍼할 수는 있습니다.

보통 사람들은 수용을 자신에게 일어난 일에 대해 기뻐하거나 괜찮다고 여기는 것을 의미한다고 믿습니다. 그러나 실제로 수용이 의미하는 것은 당신이 상실이 일어났다는 현실을 인정한다는 뜻입니다. 그 일이 일어나지 말았어야 했다고 믿던 거부 단계에서 '실제로 그 일이 일어났다'라고 인정하는 수용 단계로 넘어가는 것입니다.

어떤 면에서 실직은 갑작스러운 죽음과 같습니다. 배신처럼 느껴질 수도 있지요. 앞에서 살펴본 다른 종류의 상실과 마찬가지로 핵심 중 하나는 마음이 말하는 것에 주의를 기울이는 것입니다. 당신 마음이 '난 더 이상 아무것도 아니야. 나는 이 세상에서 중요하지 않아. 나는 그 누구에게도 의미가 없고 쓸모도 없어'라고 말할지도 모릅니다. 하지만 그 말들은 절대 되풀이해서는 안 될 부정적인 믿음입니다.

상실의 현실은 받아들여야 하지만, 부정적인 믿음은 받아들일 필요가 없습니다. 궁극적으로 당신은 지금 일어난 일이 실제로는 당신에게 가장 이익이 되는 최고의 선임을 깨달아야 합니다. 당신이 인식할 수 있는 한계를 넘어서고자 한다면, 다음 확언을 시도해 보세요.

모든 것은 나의 최고의 이익을 위해 펼쳐지고 있어.

세상의 잣대 때문에 자신을 깎아내리지 마세요

당신을 둘러싼 주변과 세상 그 자체에서 수용을 실천하려면 초점을 자신의 내면으로 돌리고 자신의 진정한 자아를 기꺼이 받아들여야 합니다. 그동안 당신이 붙들고 있던 어떤 특정한 측면이나 이상향 혹은 다른 사람들이 당신에게 거는 기대, 그러나 실상 당신 자신에게는 도움이 되지 않았던 기대감을 놓아주고 마음을 열어놓길 바랍니다.

동성애자였던 케네스는 자신의 사랑의 경험을 되돌아보았습니다. 그는 자신이 누군가를 진정으로 사랑할 때마다 결국 자신이 상처를 받게 될 거라는 생각을 가지고 있었습니다. 그는 대부분의 사람들, 특히 동성애자들은 더더욱 사랑하는 법을 배우지 않는다는 것을 알고 있었으니까요.

"나는 나의 정체성에 대해 불안감을 느낍니다. 그리고 내가 사랑하는 사람을 부끄러워하는 데서 오는 상처가 마음에 꽤 많이 남아 있습니다." 케네스가 말했습니다.

케네스는 수년 동안 부모님이 원하는 사람으로 살기 위해 노력했지만, 자신의 진정한 자아를 드러내고 싶었습니다. 일부 동성애자들은 가족과 사회의 극심한 압력 때문에 바로 이 지점에서 심한 좌절감을 느낍니다. 사람들은 동성애자들이 이성애자처럼 살기를 요구받으며 큰 슬픔을 느낀다는 사실을 깨닫지 못합니다.

케네스는 최선을 다해 노력했지만, 결국 부모님이 원하는 사람이 될 수 없었습니다. 게다가 동성애자들 사이의 바람직한 사랑을 경험하지 못했기에 그가 맺은 관계는 하나같이 삐거덕거렸습니다. 그를 사랑해준 파트너에게서는 자신이 사랑을 느끼지 못했고, 정작 그가 깊이 사랑했던 상대는 케네스에게 사랑을 주지 않았습니다. 케네스는 또한 여러 번 장거리 연애를 했는데, 그런 관계 또한 진정한 친밀감을 피하는 하나의 도피처임을 깨달았을 뿐입니다.

케네스는 이 모든 관계에서 잇따라 상처를 입었습니다. 그 후 40대 초반에 케네스는 치료사의 도움을 받기 시작했습니다. 어느 날 상담 중 그는 데이트 중인 상대인 제리에 대해 아픈 마음을 드러냈습니다. 케네스는 제리를 진심으로 사랑했지만 케네스의 사랑은 또 다시 보답받지 못했기 때문입니다.

그의 치료사는 케네스에게 스스로 느끼고 있는 것을 그려보라고 했습니다.

'내가 느끼고 있는 감정을 그려보라고? 어떻게 생겼을까?' 케네스는 속으로 생각했습니다. 그는 그냥 마음을 열고 부딪쳐보기로 했습니다. 케네스가 가장 먼저 그린 것은 찢어진 심장이었습니다. 완전한 심장의 모습이었지만 한 군데에는 틈이, 한쪽 면에는 커다란 금이 가 있었습니다. 다른 한 군데는 덩어리째 사라져버렸고, 바닥은 산산조각이 나 있었습니다. 그는 자신의 모든 고통과 슬픔이 그대로 반영되어 있는 심장의 모습을 보며 울었습니다.

케네스가 치료사에게 그림을 보여주자, 그녀는 한 부분을 가리키며 물었습니다.

"이 상처는 무엇에 관한 거죠?"

그러고 나서 그에게 각각의 균열이 무엇을 의미하는지, 누가 그에게 상처를 주었는지, 그리고 그 일은 어떻게 일어났는지 전부 다 적어달라고 했습니다. 그것은 충분히 사랑받지 못해 슬퍼하고, 여기저기 찢기고, 고갈되어버린 심장을 대면하는 고강도 훈련이었습니다.

치료사는 케네스의 문제는 동성애자라는 정체성에 있는 것처럼 보이지만, 실제로는 자기애가 부족하고 모든 관계에서 조금이라도 연약해지길 거부하는 그의 의지와 관련된 것이라는 점을 짚어주었습니다. 그리고 그가 이성애자였더라도 똑같은 문제를 겪었을 거라고 말했습니다.

케네스는 치료사와 상담하면서 자신의 슬픔에 대해 말하는 것만으로도 자기 마음속에 갈라진 틈을 메우고 있다는 것을 느낄 수 있었습니다. 그리고는 "나는 과거의 경험에 대한 연민과 제가 겪은 모든 것에 대해 감사하는 마음으로 치유하고 있습니다"라고 말했습니다.

그가 더 많은 얘기와 눈물을 쏟아낼수록 마음속 그림이 더 생생하게 보이기 시작했습니다. 그의 심장에 새로운 결이 입혀지고 있었습니다. 그리고 갈라진 틈과 균열이 채워지면서 삶이 더욱 긍정적으로 바뀌었습니다. 마침내 케네스는 긴장을 풀고 다음과 같이 말할 수 있게 되었습니다.

영혼은 아름답게 닳고 갈라진 내 마음속에 변함없이 온전하게 살고 있어.

케네스는 자신을 사랑해주는 동반자를 결코 찾지 못할 것이라는 잘못된 믿음을 버리고 슬픔에서 치유되었습니다. 그는 이제 살아가는 동안 많은 사람을 사랑하게 될 거라고 믿고 있습니다. 그리고 자신이 사랑하는 파트너에게 하듯이 자기 자신을 사랑하고 대접해주면서 자신과의 관계에 집중하며 다음과 같이 확언합니다.

나는 나 자신과 온전하고 사랑스러운 관계에 있어.

케네스는 이제 자기 자신과 정말 좋은 관계를 유지하고 있습니다. 그리고 다음과 같이 말했습니다.

"나는 이해심도 더 많아지고 용서하는 마음도 커졌습니다. 그리고 나를 사랑해주는 파트너와 좋은 관계를 맺으려면, 가장 먼저 나 자신과 좋은 관계를 형성해야 한다는 것을 알게 되었어요."

케네스는 마침내 댄과 그런 관계를 발견했고, 지금까지도 그가 가장 좋아하는 확언을 잊지 않고 되새기면서 살고 있습니다.

나는 균형 잡힌 삶을 살고 있어.
관계 속에서 나는 사랑을 주고받고 있어.

케네스에게는 여전히 많은 인생 교훈과 버려야 할 패턴이 남아 있지만, 더 과감히 시도해보고 있습니다. 예를 들어 그는 일찌감치 자신의 파트너인 댄에게 "내가 당신 마음을 아프게 할 거야"라고 말한 적이 있었습니다.

댄이 놀라면서 "그게 무슨 의미야?"라고 묻자, 케네스는 "두 사람이 사랑에 빠지면 결국 서로의 마음을 아프게 하잖아"라고 대답했습니다.

하지만 댄은 부정적인 생각에 빠져 있는 케네스에게 이렇게 말했습니다. "나는 그 현실을 선택하지 않아. 우리가 사랑에 빠진다면 서로의 마음이 활짝 열릴 거라고 믿어. 사랑은 우리 마음속의 꽉 닫힌 문을 열어줄 거야."

케네스는 그런 반응을 기대한 적도, 본 적도 없었습니다. 댄의 말은 케네스가 여전히 부정적인 생각을 하고 있음을 깨닫게 해주었습니다. 더불어 이런 깨달음이 댄과의 관계가 그에게 준 많은 선물 중 하나라는 것도 알게 되었습니다. 그는 사물을 다르게 보면서 자신의 문제에 대해서도 다시 생각하기 시작했습니다. 케네스의 부정적인 생각에 대한 댄의 반응은 상처가 아닌 새로운 시작, 즉 사랑에 대한 더 사랑스러운 관점과 긍정적인 믿음을 보여주는 것이었습니다. 그들의 관계는 굳건하며, 계속해서 서로의 마음을 열고 치유하고 있습니다.

케네스의 문제가 그의 정체성과 자기애의 부족에 관한 것이었듯이, 많은 사람들이 자신이 되고 싶은 사람이 되지 못해 슬퍼합니다. 어떤 남자들은 소위 식스팩이 있는 멋진 몸매를 만들지 못해 슬퍼할 수도 있고, 또 많은 여성은 비현실적으로 날씬한 몸매를 갖지 못해 좌절할 수도 있습니다. 키가 더 크길 바라는 사람이 있는가 하면, 키가 조금만 더 작기를 바라는 사람도 있고, 심지어 자신이 다른 인종이기를 바라는 사람들도 있습니다. 결국 우리는 모두 이루지 못한 '소원' 앞에서 슬퍼합니다. 하지만 그런 현실을 수용하고 행복을 향해 나아가야 합니다.

보이지 않는 상실의 슬픔을 무심코 넘기면

우리는 사랑하는 사람이나 아끼던 반려동물을 잃었을 때 느끼는 감정은 잘 이해합니다. 하지만 당연할 줄 알았던 삶에 대한 슬픔처럼 다른 유형의 슬픔도 존재합니다. 다음의 이야기가 그런 예입니다.

던은 암이라는 진단을 받고 항암 치료에 큰 노력을 기울였습니다. 그녀는 서양 의학은 물론 여러 가지 대체요법도 병행했습니다. 그 결과 암은 완치되었고 그녀는 암 환자 지지 모임에 앉아 자신이 완치되었다고 공개적으로 이야기했습니다. 그렇지만 왠지 모르게 던은 여전히 슬픔에 휩싸여 있다고 말했습니다.

"암이 완치되었다는 소식이 왜 그렇게 슬픈 걸까요?" 그녀가 물었습니다.

그녀는 치료에 전념하느라 사실상 슬퍼할 시간이 없었습니다. 암으로 슬퍼하는 데 무엇이 필요했을까요? 많은 것들이 필요했을 겁니다. 그녀가 기대했던 완전하게 암이 사라진 삶은 현실이 아니었습니다. 던은 그 상실에 대한 슬픔을 표현해야 했습니다. 이 경우에 그녀가 사용할 수 있는 몇 가지 유용한 확언이 있습니다.

나는 나 자신이 완전히 슬퍼하도록 허락할 거야.
모든 경험은 나를 더 강하게 만들어.

암에 걸린 일부 사람들은 슬픔에 대한 확언과 함께 치유 확언을 반복하는 것이 도움이 된다고 생각합니다. 그들이 알고 있었던 '정상적인 삶'은 영원히 사라졌지만 그 확언을 통해 새로운 모습의 '정상적인 삶'을 찾을 수는 있습니다.

나는 내가 누릴 것이라 예상했던 삶의 상실을 존중하고,
내 앞에 있는 새로운 삶을 받아들일 거야.

대부분의 사람들이 그렇듯이 던은 자신은 언제나 건강하고 자신에게는 결코 나쁜 일이 일어나지 않을 거라고 믿었습니다. 그러

나 질병이 그녀의 문을 두드렸습니다. 이런 경우 그녀의 확언은 다음과 같을 수 있습니다.

나는 나의 건강에 대한 책임이 있어.
하지만 나의 병에 대해 나를 비난하지 않을 거야.

던은 나쁜 일이 일어나기 전에 몸이 자신에게 경고해줄 것이라 믿었기에 화가 났습니다. 하지만 다음과 같은 확언으로 몸이 자신을 '배신'한 것을 용서할 수 있었습니다.

나는 내 몸을 용서해.
나는 내 몸을 사랑해.

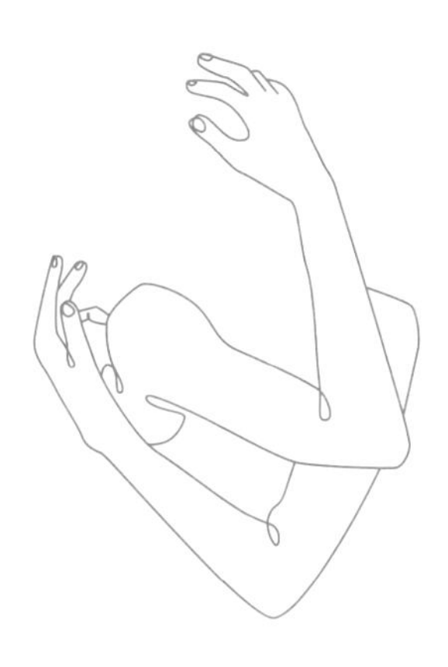

갖지 못한 것에 대한 상실도 애도의 대상이 될 수 있습니다

슬픔은 또한 당신이 찾을 수 있을 것만 같았던 이상적인 배우자 상에서 생겨날 수 있습니다. 당신은 아마도 완벽한 이상형인 누군가와 함께할 날을 손꼽아 기다리는 데 온 정신을 집중했을지도 모릅니다. 그러다가 문득 삶의 대부분이 이미 지나가버렸다는 것을 깨닫게 됩니다. 자칫 그것은 슬픔과 우울증으로 이어질 수 있는데, 이런 감정은 근본적인 원인을 규명하기가 무척 어려울 수 있습니다.

우울증이 슬픔의 한 형태라는 것을 깨닫는 것은 쉬운 일이 아닙니다. 당신은 당신 앞에 나타나지 않은 사람과 아예 존재조차 하지 않았던 삶을 슬퍼해야 합니다. 시간을 내어 그런 상실에 대해 슬퍼할 때 마침내 당신은 그 순간을 온전히 살 수 있게 됩니다.

슬픔 치유 워크숍에 참석한 데어드레이는 다음과 같이 말했습니다.

"드디어 제가 느끼는 감정을 파악했을 때 눈물이 핑 돌았어요. '그'가 나타나지 않아서 그토록 큰 슬픔이 있었던 거예요. 그러나 제가 알고 싶었던 것을 깨닫게 되자 오히려 큰 안도감이 밀려왔습니다. 이제 제 남은 인생은 오롯이 저를 위한 것일 테니까요."

당신의 완벽한 '짝'은 나타날 수도 있고, 나타나지 않을 수도 있습니다. 하지만 현실을 받아들이고 당신 자신을 위해 온전히 삶을 산다면 새로운 자유를 느낄 수 있을 것입니다.

당신이 풀어야 할 또 다른 유형의 슬픔은 간절히 원했지만, 끝내 이루지 못한 직업적 성공입니다. 당신은 언젠가 유명한 댄서, 퓰리처상 수상 작가, 모두가 사랑하는 영화배우가 될 거라고 믿었을지도 모릅니다. 하지만 그런 일은 일어나지 않았습니다. 물론 그것은 나쁜 결과처럼 들릴 수 있습니다. 그렇더라도 운명을 받아들이고 삶에 감사해야 합니다.

당신은 자신에게 큰 성공을 안겨줄 '한 방'이 없었다고 화를 내며 시간을 보낼 수도 있습니다. 하지만 그런 시간은 당신에게 비참한 경험을 안겨줄 뿐입니다. 반면에 당신의 경력은 자신을 드러내줄 하나의 표현일 뿐이라는 것을 깨닫고 관객이 있거나 없거나 신나게 춤을 출 수도 있습니다. 퓰리처상을 받지 못했더라도 얼마든지 글쓰기를 즐길 수 있습니다. 그것이 단지 글쓰기 모임을 위한 것이라도 상관없습니다. 그저 연기가 좋아서 연기를 할 수도 있습니다. 벽난로 위에 꼭 아카데미상이 있어야 한다는 법이라도 있나요!

영화를 보다가 예상치 못한 반전이 나올 때 당신은 벌떡 일어나 화면에 대고 상상했던 줄거리랑 다르다며 소리치고 화내지 않습니다. 보이지 않는 슬픔도 마찬가지입니다. 당신의 삶은 당신이 통제할 수 없는 줄거리를 가진 영화와도 같습니다. 당신이 극장 한가운데 서서 스크린에 대고 줄거리가 마음에 들지 않는다며 주먹을 마구 흔들어대지 않는 것처럼, 지금 한창 펼쳐지고 있는 당신의 인생 앞에서 분개하며 소리치지 마세요. 어떤 일이 펼쳐지든 그것을 느끼고, 그것이 만약 상실이라면 슬퍼하되 부정적인 생각을 더하지 마십시오. 슬픔에는 모든 상실을 치유하고 위로하는 놀라운 힘이 있다는 것을 알게 될 것입니다.

다양한 유형의 관계와 애착이 존재하듯이 상실에도 여러 유형이 있습니다. 상실을 실제 존재하는 것으로 인식할 때 비로소 치유의 과정을 시작할 수 있습니다. 이번 장에서 우리는 인식할 수 있거나, 혹은 잘 드러나지 않는 상실에 대해 다루었습니다. 물론, 당신은 아직 언급하지 않은 다른 상실을 생각할 수도 있습니다. 상실은 유형에 상관없이 항상 보상받을 가치가 있습니다.

나의 모든 상실은 치유 받을 가치가 있어.
슬픔은 나의 모든 상실을 치유할 거야.

당신이 경험한 상실이 외부 세계에서 일어난 일이든, 당신이 바라던 대로 이루어지지 못한 삶에 대한 기대이든, 치유는 언제나 가능합니다. 슬픔을 충분히 느끼고 치유하고 기대를 내려놓을 때 비로소 현재의 진정한 삶을 살 수 있을 것입니다.

Chapter 7

당신의 마음을
치유하세요

새로운 삶을 포용하기 위해 필요한 것

마지막 장에서 우리는 삶이 항상 치유를 향해 나아가고 있음을 깨닫게 될 겁니다. 우리 내면에는 인정받고 치유되기를 간절히 바라는 다 자라지 못한 우리 자신의 일부가 있습니다. 그들은 비판, 배신, 이별 등 우리가 직면한 수많은 시련의 모습으로 우리에게 다가올 겁니다.

치유를 위해서 필요한 것은 당신의 열린 마음과 의지뿐입니다. 삶은 당신을 사랑하니까요. 상실을 경험했을 때 당신에게 통찰력을 얻을 수 있는 여지가 있다면 당신은 올바른 길을 가고 있는 것입니다. 그렇지 않은 경우에도 인생은 치유를 찾는 데 필요한 교훈을 얻게 해줄 겁니다. 이러한 교훈을 일종의 벌이라고 잘못 해석할 수는 있지만, 이는 많은 사람들이 살아가면서 겪는 경험의 일부일 뿐입니다.

페니는 자신은 멋진 스타가 되리라고 확신하며 3년 동안 할리우드에서 단역을 전전하고 있는 배우였습니다. 그녀는 스물세 살 무렵 아이오와주의 작은 마을에서 연기를 공부하기 위해 캘리포니아로 이사했습니다. 그녀는 여기저기서 작은 역할을 맡아서 활동하면서 자신의 '출세작'이 되어줄 작품을 기다렸습니다.

생활비 때문에 고민하던 페니에게 친구 신디는 출장 연회에서 음식을 서빙하는 일을 소개해주었습니다. 그 일은 큰 배역을 맡는다고 해도 그만둘 필요가 없고 일주일 정도만 휴가를 얻으면 되니 페니에게는 완벽한 직장이었습니다. 출장 연회 서비스 일을 하며 그녀는 예상치 못한 경험을 할 수 있었는데, 바로 다른 사람들의 삶을 엿볼 수 있다는 것이었습니다. 심지어 그녀는 몇몇 영화배우들의 연회에서 서빙을 하기도 했습니다. 엘리자베스 테일러를 위한 이벤트에서 서빙을 하면서 엘리자베스 테일러가 사람들에게 얼마나 친절했는지를 보는 것도 멋진 경험이었습니다. 페니는 언젠가 자신도 유명한 배우가 되면 엘리자베스 테일러처럼 만나는 모든 사람에게 친절하게 대하겠다고 결심했습니다.

어느 날 페니와 신디는 그로스만이라는 백만장자의 가족 행사에서 서빙을 하게 되었습니다. 페니는 그들이 어떻게 돈을 벌었는지는 잘 알지 못했지만, 자신이 존경하는 배우들처럼 예술적 재능을 통해서 돈을 번 것은 아닌 게 분명했습니다.

신디는 그로스만 저택의 규모와 화려함을 보고 입이 떡 벌어질 정도로 놀랐습니다. 거실 한가운데에는 거대한 폭포가 떨어지고 있고, 감히 셀 엄두조차 나지 않을 정도로 많은 침실과 욕실이 있었습니다. 그러나 페니는 그 엄청난 부유함에 오만 정이 다 떨어졌습니다. 그로스만 가족이 자신이 우러러보는 배우가 아니었기 때문이기도 했고, 밤새 행사에 참석한 백만장자들로부터 말도 안 되는 일로 지적을 받으며 시달리느라 지치기도 했습니다. 행사가 끝나자 그곳에서 벗어날 수 있다는 것만으로도 뛸 듯이 기뻤습니다.

그 후 10년 동안 페니는 출장 연회 서비스로 생활비를 벌면서 계속 연기를 했습니다. 하지만 여전히 이웃사람, 판매원, 웨이트리스, 하녀 등 단역을 전전했습니다. 그녀의 친구인 신디는 서비스 일을 그만두고 부동산업계에서 일을 했지만, 두 사람은 여전히 좋은 친구로 남았습니다.

점차 나이가 들어가면서 페니는 배역을 얻기 위해 더 젊은 여성들과 경쟁을 해야 했습니다. 고심 끝에 그녀는 가슴이 좀 더 크면 좋은 배역을 얻을 수 있을 거라는 생각에 유방 확대 수술을 하기로 결심했습니다. 그리고는 추천받은 의사를 만났고, 가장 먼저 유방 검사를 받았습니다. 그런데 갑자기 의사가 진지한 태도로 이야기 했습니다.

"혹시 가슴에 혹이 있다는 걸 알고 계셨었나요?"

"아니요. 전혀 몰랐어요. 왜 내가 여태 그걸 눈치 채지 못했는지 모르겠네요." 페니가 놀라서 대답했습니다.

페니가 건강보험이 없다고 말하자, 의사는 "어쨌든 먼저 암 전문의와 약속을 잡으세요. 병원에 건강보험이 없다고 먼저 알려주세요. 환자의 비용 부담을 덜 수 있도록 지원해주는 프로그램들이 꽤 많이 있거든요"라고 말했습니다.

건강보험 때문에 크게 걱정했던 페니는 병원비를 충당하는 데 도움이 될 여러 종류의 프로그램이 있다는 사실을 알고서 안심했습니다. 정밀 진단 결과 페니는 유방을 절제해야 했습니다. 그나마 다행인 것은 치료에 드는 모든 비용을 암 재단에서 부담해준다는 것이었습니다.

치료에 드는 비용 등 실질적인 문제들은 해결되겠지만, 페니는 한동안 헤어나오기 힘든 깊은 우울증에 빠져들었습니다. 같은 재단에서 가슴 재건에 드는 비용을 부담할 것이라는 소식을 들었을 때조차 페니는 그 암담한 우울감에서 벗어날 방법을 찾을 수 없었습니다. 그녀는 그제야 암에 걸린 많은 사람들을 이해하게 되었습니다.

우리는 종종 이런 유형의 상실을 경험할 때 슬퍼할 시간이 필요하다는 것을 잊어버리곤 합니다. 어떤 사람은 건강을 잃은 다음 그 슬픔을 느끼기 위한 시간을 필요로 합니다. 또 어떤 사람은 자신에게 나쁜 일이 일어날 수 있다는 사실을 깨닫고는 그 슬픔을 극복하기 위한 시간을 필요로 하기도 합니다. 다른 사람들과 마찬가지로 페니도 자신이 언제까지나 건강할 것이라고 생각했지만, 건강을 잃는 슬픔을 마주해야 했습니다. 그리고 그녀 역시 그 슬픔을 느낄 시간이 필요했습니다.

수술 다음날 페니의 요가 강사가 암 센터를 방문하여 이러한 개념에 대해 들려주었습니다.

"페니, 당신은 과거의 삶을 완전히 슬퍼하고 다가올 새로운 삶을 포용하고 싶을 거예요. 그러니 분노와 낮은 수준의 생각, 그리고 비판을 내려놓아야 합니다. 용서하고 깨끗한 새로운 삶을 시작할 수 있도록 노력해야 해요."

"나는 비판하지도 분노하지도 않아요." 페니가 대답했습니다.

"완벽하군요. 당신이 우주를 향해 비판하거나 원망하지 않는다고 말하는 것은 당신이 치유되기 위해 수면으로 끌어올려야 할 많은 것을 초대할 거예요. 당신이 기꺼이 응해주니 참 잘 됐어요." 요가 강사가 대답했습니다.

다음날 신디가 페니의 퇴원을 돕기 위해 찾아왔습니다. 신디는 방 안을 이리저리 돌아다니면서 물건을 챙기다가 불쑥 말을 꺼냈습니다.

"그로스만, 그러니까 네가 그렇게 싫어했던 가족이 결국 네 목숨을 구한 재단과 병원을 설립했다는 게 정말 아이러니라는 생각 안 들어?"

페니는 깜짝 놀랐습니다. 그녀는 과거에 자신이 서빙 일을 했던 억만장자 가족을 암 재단과 결부시키지 못했습니다.

"세상에, 신디! 어떻게 내가 그 연결고리를 찾지 못했을까? 젊어서 나는 그들이 자선 단체에 돈을 기부했는지, 어떤 식으로 재산을 사용했는지 전혀 생각하지 않았어. 이제야 내가 영화배우들에게는 관대하게 대하고 다른 사람들한테는 엄격한 잣대를 들이댔다는 걸 알겠어."

치유가 필요한 많은 것들이 그녀 앞에 펼쳐졌고, 이는 페니에게 진정으로 새로운 시작이었습니다.

우리는 종종 슬픔을 통해 변화를 가져올 수 있다는 사실을 잊고 지냅니다. 그리고 병은 항상 변화를 대변합니다. 이를 위한 몇 가지 강력한 확언은 다음과 같습니다.

세상에는 보이지 않는 선이 존재해.

나는 삶이 나를 위해 준비한 모든 교훈을 받아들일 거야.

진정한 치유는
삶의 의미를 찾는 것으로 완성됩니다

앞서 우리는 엘리자베스 퀴블러 로스의 슬픔의 다섯 단계 이후에 의미를 찾는 여섯 번째 단계가 있을 수도 있다고 생각했습니다. 때때로 우리는 슬픔을 충분히 느낄 때 치유와 함께 깊은 의미를 찾을 수 있습니다.

그 순간 게일 보우든의 이야기가 떠올랐습니다. 게일의 자녀 중 한 명인 브랜던이 척추뼈 갈림증을 타고 태어났지만, 게일은 슬퍼하기 보다는 아들과 함께 더 멋진 삶을 살겠다고 결심했습니다. 그런 부모 덕분에 브랜던은 매우 행복한 아이로 자랐습니다. 그는 노란색을 좋아했고, 장난감 자동차를 수집했습니다.

브랜던이 열일곱 살이 되던 해 어느 날, 아들의 방에 들어간 게일은 아들에게 아무런 반응이 없는 것을 발견했습니다. 브랜던은 즉시 병원으로 이송되었고, 게일은 의사 옆에 앉아서 그녀의 아들이 다시는 깨어나지 못할 것이라는 슬픈 소식을 들었습니다. 그녀는 확실한지 재차 물었고, 대답을 듣고 나서 간호사에게 펜을 달라고 부탁한 후 다음과 같이 썼습니다.

"때가 오면 아들의 장기를 기증하겠습니다."

간호사는 쪽지를 읽고 게일을 바라보았습니다. 그녀는 게일의 손을 잡고 지금 당장 결정하지 않아도 된다고 말했지만, 게일은 "제가 그 말을 절대 못 할 수도 있어요. 하지만 당신이 저를 대신해서 그렇게 해주기를 바랍니다"라고 대답했습니다.

그리고 게일은 '의사들이 브랜던의 생명을 구할 수 없을지 몰라도 브랜던은 다른 생명을 구할 수 있을 거야'라고 생각했습니다. 그녀는 브랜던과 함께 수술실에 들어갔고, 의료진은 브렌던에게서 생명 유지 장치를 떼어냈습니다. 그녀는 아들의 심장이 멈출 때까지 기다리는 동안 〈어메이징 그레이스〉를 불렀습니다.

게일은 아들의 죽음이라는 상실을 받아들이기 위해 최선을 다했고, 미래에 대해 낙관적이고 희망적인 태도를 유지했습니다. 몇 년 후 게일은 그녀의 다른 아들 브라이언이 신병 훈련소에 가기 바로 직전에 새 아파트로 이사했습니다. 게일이 이삿짐 상자를 풀고 앉아 있는데, 밖에서 문을 두드리는 소리가 들렸습니다. 문을 열자, 한 남자가 자신은 페인트공이고 이름은 켄이라고 말했습니다. 게일이 다음 주에 아파트를 노란색으로 칠해줄 사람을 보내달라고 부탁을 해두었는데, 가게에서 일정을 당겨 페인트공을 보내준 것이었습니다.

"원래 일정보다 일주일 일찍 왔네요." 게일이 말했습니다.

그러자 켄은 "이 근방에서 일이 한 군데 취소되어 일찍 오게 되었습니다"라고 대답했습니다.

켄은 페인트칠을 시작했고, 게일은 계속 짐을 풀었습니다. 그가 게일에게 집에서 혼자 지내는지 물었습니다.

"아들 브라이언이 지금 신병 훈련소에 있어요."

"아들이 없는 동안 함께 지낼 사람이 있으세요? 다른 자녀분이라도?" 켄이 다시 물었습니다.

게일은 이전에도 그런 질문에 대해 어색함을 느꼈지만, 그런대로 잘 넘겼습니다. 그녀는 브랜던의 전체 이야기를 들려줄 때도 있었고, 단순히 "브라이언과 저뿐이에요"라고 대답할 때도 있었습니다. 그러나 이번에는 너무 뜬금없는 질문에 적잖이 당황했습니다. 게일은 깜짝 놀라 그 자리에 서서 아주 잠깐 생각하다가 "원래 아들이 하나 더 있었는데, 오래 전에 먼저 세상을 떠났어요"라고 대답했습니다.

"죄송해요. 제가 괜한 걸 여쭤봤네요." 켄이 민망해하며 말했습니다.

"괜찮아요."

그녀가 말했고, 켄은 하던 일을 계속했습니다. 얼마 후에 켄이 다시 말을 꺼냈습니다.

"아드님 일은 정말 유감입니다. 나는 아픈 게 어떤 것인지 잘 알아요. 사실 저도 4년 전에 투석을 받다가 거의 사망 직전에 신장 이식으로 살아났거든요."

"이식은 언제 받았나요?"

"2008년에요." 켄이 대답했습니다.

"2008년 언제요?"

"2월에요."

"2월 며칠이죠?"

"2월 13일이었요. 그 날짜는 절대 못 잊죠."

"브랜던이 2월 12일에 사망했는데."

"오, 아니에요. 제 기증자는 스물한 살이었고, 교통사고로 사망한 환자였거든요." 켄이 재빨리 말했습니다.

"아…."

게일은 다시 짐을 풀었고, 켄은 다시 페인트를 칠했습니다.

잠시 후 게일은 켄을 혼자 남겨두고 잠시 볼일을 보러 밖에 나갔습니다. 게일이 돌아왔을 때 켄은 자신이 떠날 때와 똑같은 자리에 그대로 서 있었습니다. 페인트칠도 아무런 진전이 없었습니다.

"무슨 문제라도 있나요?" 게일이 물었습니다.

"제가 거짓말했어요. 아드님인 브랜던의 신장을 제가 받았어요."

"네?"

"브랜던이 아드님의 이름이고 부인의 이름이 게일이라고 말씀하셨을 때, 나는 이식 수술을 받은 후 부인께 쪽지를 받았다는 사실이 즉시 떠올랐어요. 답장을 쓸 기회가 있었는데, 너무 부끄러워서 한 번도 답장을 하지 못했어요."

게일은 어안이 벙벙해져서 전화기를 집어 들고 장기이식센터에 전화를 걸어서 물었습니다.

"제가 페인트공을 한 분 고용했는데, 그분 몸 속에 브랜던의 신장이 있다네요. 어떻게 확인할 수 있죠?"

상담사는 "와, 그런 일이 일어날 확률은 아주 희박하지만, 그의 이름을 알려주세요"라고 말했습니다. 그리고는 기밀 파일을 열어 실제로 켄이 브렌던의 신장을 받았다는 사실을 확인했습니다.

브라이언이 신병 훈련소에서 집에 전화했을 때 무슨 일이 있었는지 전해 듣고 난 후 말했습니다. "엄마, 형이 집에 왔었던 것 같아요."

이 이야기는 우주가 어떻게 움직이는지 보여주는 훌륭한 사례입니다. 우리는 인생이 우리를 사랑한다는 확언을 깊이 믿습니다. 그것이 상실을 겪는 동안 어떻게 적용되는지 궁금할 수 있습니다. 앞서 언급했듯이 상실을 경험하지 않는다는 의미는 아니지만, 그 상실을 어떻게 파악하고 인식하고 생각하느냐에 따라 인생이 당신을 위해 존재할 수도 있으며, 심지어 가장 힘든 시기를 견뎌낼 수도 있습니다.

게일은 눈앞에 닥친 비극을 받아들였지만, 브랜던의 삶은 계속될 거라고 굳게 믿었습니다. 우리 중 얼마나 많은 사람이 사랑하는 사람들이 죽어서도 계속 살아갈 거라고 말할 수 있을까요? 우리는 생명은 죽을 수 없고, 영혼은 죽지 않는다는 것을 기억해야 합니다.

브랜던의 경우, 그의 신체 일부가 죽지 않고 새로운 생명으로 살고 있었습니다. 게일은 다른 사람들의 생명을 구함으로써 브랜던이 계속 살아갈 수 있다는 믿음을 잃지 않았습니다. 브랜던 덕분에 두 명이 볼 수 있게 되었고, 브랜던의 세포조직 덕분에 여덟 명이 통증을 덜게 되었습니다. 이는 특히 게일에게 엄청난 의미가 있었습니다. 브랜든은 평생 휠체어를 탔기 때문입니다!

나중에 게일은 켄의 아내와 아이들을 만났습니다. 그들은 켄이 죽어가고 있다고 생각했을 때 얼마나 절실하게 그가 살 수 있기를 바랐는지 이야기했습니다. 게일은 그토록 극심한 곤경 속에서도 위기를 극복해낸 켄의 가족을 보며 흐뭇한 감정을 느꼈습니다. 브렌던의 삶은 비단 켄의 생명뿐만이 아니라 켄의 아내와 아이들의 삶에도 극적으로 영향을 미쳤습니다.

당신은 아마 이렇게 생각할지도 모릅니다.

'게일은 작은 마을에서 살았을 거야. 켄이 게일의 집을 페인트칠

하게 된 건 우연의 일치였을 뿐이야.'

그렇다면 다음의 사실은 어떤가요? 게일이 직접 방을 칠하고 켄을 만나지 않았거나, 다른 회사에 연락했을 수도 있습니다. 페인트공이 원래 예정된 날짜에 왔다면, 게일은 이미 짐 정리를 모두 마쳤기 때문에 굳이 그 자리에 남아서 그와 대화를 나눌 필요가 없었을지도 모릅니다. 당신은 여전히 이렇게 말할 수도 있습니다.

"좋아요, 그러니까 몇 가지 우연의 일치가 방금 순서대로 정리가 되었네요."

하지만 게일은 뉴욕 버펄로에 살고 있고, 그 지역의 페인트공은 1만 8,000명이나 됩니다. 즉, 게일과 켄이 만날 확률은 0.006퍼센트에 불과했습니다. 인생은 우리가 열린 마음을 가지고 있을 때 예기치 않은 선물을 줄 수 있습니다.

게일은 브랜던의 죽음이라는 상실을 받아들이고 슬픔을 극복함으로써 브랜던의 삶과 죽음에서 깊은 의미를 찾을 수 있었습니다. 그녀의 치유 여정은 남은 생을 어떻게 살아갈 것인지, 또 어떻게 아들의 생명을 계속 존중할 것인지 결정하는 데 도움이 되었습니다.

삶은 그 자체로 의미가 있습니다. 바라던 대로 이루어지지 않는 경우가 많긴 해도 그 자체로 리듬이 있습니다. 그것은 종종 마음의 평화를 방해하는 우여곡절로 가득 차 있습니다. 인생은 결코 경험하지 못했던 변화와 도전을 가져옵니다. 그러한 변화의 고통을 느끼고 상실을 받아들이면서 슬픔을 헤쳐나가면 삶에 대한 진실을 배우게 될 것입니다. 어떤 일이 일어나더라도 당신은 마음을 치유할 수 있습니다.

맺음말

나는 치유된다

소중한 것을 잃어버렸을 때, 그 상실로부터 특별한 의미나 도움이 될 만한 것을 찾는다는 생각은 모순되는 것처럼 보입니다. 하지만 이별이든, 이혼이든, 심지어 죽음이든, 자신이 겪게 되는 모든 종류의 상실을 어떻게 생각하느냐에 따라 더 많은 것을 발견할 수 있습니다. 이것은 상실이 발생하는 것을 막을 수 있다는 의미가 아닙니다. 우리가 생각을 바꾸는 것만으로도 상실 후에 오는 모든 것을 변화시킬 수 있다는 뜻입니다. 우리는 당신의 생각이 사랑하는 사람을 슬픔이나 후회가 아닌 오직 사랑으로만 기억하는 곳에 머물게 되길 바랍니다.

슬픔은 마음과 영혼의 문제입니다. 당신의 상실을 슬퍼하고 인정하며, 상실과 함께 시간을 보내십시오. 하지만 고통과 괴로움은 당신의 선택에 달려 있다는 사실을 잊어서는 안 됩니다. 당신은 그저 영화가 한창 진행 중일 때 이 세상에 들어왔다가 중간에 떠나는 존재임을 잊지 마십시오. 당신이 사랑하는 사람들도 마찬가지입니다. 그러나 사랑은 절대 죽지 않으며 영혼은 사라지지 않습니다.

또 한 가지 중요한 사실은 당신의 생각이 상실의 경험을 형성하는 데 결정적인 역할을 한다는 것입니다. 슬픔에 대해 부드럽고 사랑스러운 경험을 가지려 노력하세요. 상처받은 마음도 열린 마음이라는 사실을 잊지 마세요.

당신의 생각을 현명하게 선택하세요. 자기 자신에게 친절하고, 사랑으로 그 상실을 되돌아보세요. 사랑하는 사람의 죽음을 슬퍼하고 있다면, 그들이 당신 곁에 있었을 때 당신이 그들을 어떻게 사랑했는지를 기억하십시오. 그리고 그들이 존재하지 않을 때 당신은 그들을 계속 사랑할 수 있다는 것을 알아야 합니다. 그러면 슬픔에서 평화로 나아갈 수 있습니다.

끝은 또 하나의 시작입니다. 상실을 겪는 동안뿐만 아니라 삶의 모든 측면에서 이 책에서 소개하고 있는 긍정 확언을 사용해보세요. 당신의 생각에 주의를 기울이고 마음의 평화를 느껴보세요. 그렇게 함으로써 당신의 삶과 주변 사람들에게 더 많은 행복을 가져다줄 수 있습니다.

힘든 시기는 우리의 관계가 선물이라는 것을 기억하게 합니다. 그리고 상실은 우리에게 삶 자체가 선물임을 다시 한 번 깨닫게 합니다. 모든 이야기에는 시작과 끝이 있듯이, 모든 관계에도 시작과 끝이 있습니다. 그럼에도 사랑은 영원하다는 것을 잊지 말아야 합니다.

우리와 함께하는 여정 내내 이 책 한 장 한 장에 담긴 글이 편안함과 평화를 제공해주었기를 바랍니다. 그리고 자신을 사랑하는 것을 잊지 마세요. 당신은 그럴 자격이 있습니다. 당신은 선물입니다.

나는 삶을 사랑하고 삶은 나를 사랑한다.

나는 살며 사랑했다.

나는 치유된다.

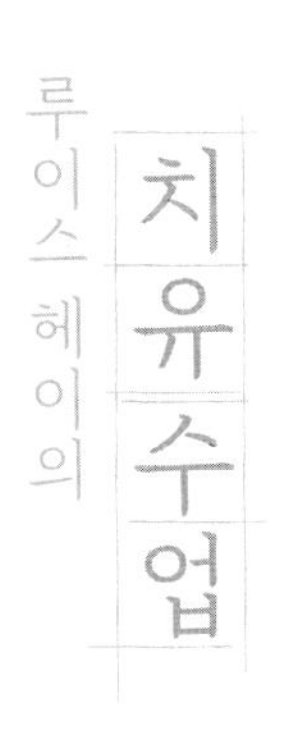
루이스 헤이의
치유수업

옮긴이 이현숙

호주 매쿼리대학교에서 석사과정으로 International communication를 전공하고 영어 잡지와 출판사에서 편집자로 근무했다. 다수의 영상 및 로맨스 소설을 번역했고, 현재 엔터스코리아에서 전문번역가로 활동하며 대학에서 강의를 하고 있다.

옮긴 책으로는 《조금 멀리서 안부를 묻다》 《The Art Of 소울: 디즈니 픽사 소울 아트북》 《신데렐라 프로젝트》 《스타를 찾아서》 《모렐리의 북카페》 《그를 깨우는 향기》 《저녁노을 그대》 《크리스마스 캐롤》 《초록빛 섬》 등이 있다.

루이스 헤이의 치유 수업

초판 1쇄 발행 2021년 5월 3일
초판 2쇄 발행 2023년 3월 13일

지은이 루이스 헤이·데이비드 케슬러
펴낸이 정덕식, 김재현
펴낸곳 (주)센시오

출판등록 2009년 10월 14일 제300-2009-126호
주소 서울특별시 마포구 성암로 189, 1711호
전화 02-734-0981
팩스 02-333-0081
메일 sensio@sensiobook.com

디자인 Design IF

ISBN 979-11-6657-017-9 03190